FIGURES DE FEMMES

Madame Tallien

PAR

LOUIS SONOLET

PARIS
L'ÉDITION, 4, rue de Furstenberg
1909

Madame TALLIEN

DU MÊME AUTEUR

La Légende du Panache, 1 vol. in–12, sous couverture illustrée par l'auteur. (Dujarric, éditeur).

Henry Houssaye, 1 vol. in-12 (Sansot, éditeur).

G. Lenotre, étude biographique, 1 vol. in-16.

Un artiste d'Aulnis : Eugène Fromentin, 1 vol, in-12. (Librairie Nationale).

L'Ame du Passe, un acte en vers (Odéon). Joanin. éditeur, 1 vol. in-12.

MADAME TALLIEN

Figures de Femmes

Madame TALLIEN

PAR

Louis SONOLET

D'APRÈS DES TÉMOIGNAGES CONTEMPORAINS
ET DES DOCUMENTS INÉDITS

PARIS
L'ÉDITION
4, Rue de Furstenberg, 4
1909

Madame TALLIEN

CHAPITRE PREMIER

La Marquise de Fontenay

La famille Cabarrus. — Le sang des « conquistadors ». — Une éducation à la mode. — L'oncle amoureux. — — Eclatant début dans le monde. — L'idylle nocturne. — M. Devin de Fontenay. — Grande dame et reine de beauté. — Un nez malencontreux. — Premiers caprices. — « Blondinet ». — Un ménage désuni. — La scène du portrait. — Le salon de la marquise. — Réceptions et pastorales. — La Révolution. — Libéralisme et libelles. — L'horizon se couvre. — Divorce et séparation.

Un jour de décembre 1785, une berline s'arrêta sur le quai d'Anjou, dans l'île Saint-Louis, devant l'hôtel de M. de Boisgeloup, seigneur de la Mancelière et autres lieux, conseiller du roi en son Parlement de Paris. Cette berline arrivait de Madrid. Trois enfants en descendirent, escortés par l'abbé qui leur servait de mentor. C'étaient les deux fils et la fille du comte de Cabarrus.

Agée de douze ans, la fillette semblait déjà femme par l'aisance, le charme et même la taille. Cette taille était souple et élancée. Le visage s'éclairait de grands yeux noirs largements ouverts sous des sourcils à l'arc le plus pur. Les traits se dessinaient avec une adorable finesse dans un teint d'une chaude transparence. Tout dans cette enfant promettait une de ces beautés merveilleuses et conquérantes qui traînent après elles de la volupté, de la passion et du drame. La promesse n'était pas vaine. Car elle était appelée à avoir trois maris et des amants sans autre limite que son caprice. Son triomphant sourire devait illuminer les heures les plus sombres de la tempête révolutionnaire. Dans ce Paris où elle débarquait insouciante et joyeuse, une destinée pleine de vicissitudes et de contrastes allait faire d'elle tour à tour la femme d'un marquis, l'Egérie d'un tribun, le caprice d'un puissant du jour, le luxe d'un financier, l'héritière d'une couronne de princesse. Le beau nom de Notre-Dame de Thermidor l'attendait. Et c'était un peu à cette petite main fluette et blanche qu'était réservé le glorieux bonheur de renverser la guillotine.

Jeanne - Marie - Ignace - Thérésia de Cabarrus était née, le 31 juillet 1773, au château de Saint-Pierre de Carrabenchel de Ariba, près de Madrid (1). Son père, François de Cabarrus, avait du sang de *conquistador* dans les veines. Un de ses

(1) Ce château a appartenu depuis à la comtesse de Montijo. Les Montijo sont parents aux Cabarrus par les Lesseps.

ancêtres avait même donné le nom de la famille à la baie de Cabarrus dans l'Ile Royale, à une demi-lieue de Louisbourg. Le descendant avait gardé l'ardeur bouillonnante des hardis aventuriers de mer, car il avait audacieusement enlevé la mère de Thérésia avant de l'épouser. Celle-ci était la fille d'un grand industriel français établi à Saragosse. Elle avait nom Antoinette Galabert. Ces amours romanesques ne semblent-elles pas présager le tourbillon d'évènements et d'aventures que sera la vie de Thérésia? En tout cas, la future héroïne devait trouver dans cette heureuse fusion du sang français et du sang espagnol une source incomparable de charme, de séduction et de beauté.

François de Cabarrus appartenait au monde de la finance. C'était un argentier fertile en expédients, une sorte de Law espagnol. L'or se faisait rare dans son pays. Pendant la guerre d'Amérique, les galions qui faisaient voile du Chili et du Mexique, les bombardes aux larges flancs bondés de lingots avaient été capturés en grand nombre par les croisières anglaises. Le conseil de Castille examinait avec inquiétude cette situation, lorsqu'il reçut un mémoire parfaitement rédigé sur les moyens de rétablir le crédit espagnol par la création de billets royaux ou cédules à intérêts divisées en petites coupures payables à vue.

L'auteur du mémoire était Cabarrus alors âgé de vingt-cinq ans. Ses idées plurent au ministre des Finances, le comte Campomanos. Mises en pratique, elles obtinrent un tel succès que les billets royaux ou *valès* finirent par être préférés à la monnaie effective sur laquelle ils gagnaient une prime. Ce fut le point de départ d'une importante fondation : la banque de Saint-Charles placée par le roi Charles III sous la direction de Cabarrus et chargée d'acquitter les obligations du Trésor et de pourvoir aux services de l'armée. Elle débuta par des opérations si fructueuses que son directeur s'attira toute la faveur royale et se vit décerner le titre de comte.

Pendant ce temps-là, Thérésia grandissait parmi les verdures du parc de Carrabenchel. On lui donna les meilleurs maîtres de l'Espagne. Mais, suivant l'usage du siècle, le superflu dans cette éducation l'emporta considérablement sur le nécessaire. On estimait alors que le chant était beaucoup plus utile que l'arithmétique à une jeune personne de qualité. Le monde faisait infiniment plus de cas de la danse que de l'orthographe. Thérésia apprit la harpe, le piano, la miniature. A l'exemple de Mme de Pompadour, elle fit même de la gravure (1). Elle ne réussit que peu ou prou dans la plupart de ces arts d'agrément. Mais il en était un dans lequel elle devait exceller, toute sa vie: la danse. N'était-elle pas, elle-même, un merveilleux rythme vivant? L'armonie des gestes et la souplesse des attitudes lui étaient aussi naturelles que le sourire.

A cette époque, les enfants pliés à l'étiquette du salon sont de petits mannequins gourmés et empesés auxquels on impose un maintien, un langage, une mine, au-dessus de leur âge. On les oblige à jouer au personnage. La spontanéité joyeuse des premières années se trouve sacrifiée à un formalisme guindé et tyrannique. Mais c'est sans la moindre gêne, sans la plus petite contrainte que Thérésia exécute ces révérences en plusieurs temps qui sont la base de l'éducation d'alors, qu'elle traverse un salon suivant les rites consacrés, qu'elle met la main sur son cœur, qu'elle lève les yeux au ciel pour faire étalage de sensibilité. Chez elle, la grâce de l'enfance se confond tout de suite avec le charme troublant de la femme et les manèges de coquetterie de la mondaine.

Au point de vue religieux, son éducation sem-

(1) On a encore un portrait de trois enfants gravé par elle. Il est dans un ovale avec l'inscription: G., princesse de Chimay, 6 septembre 1826.

ble avoir été assez superficielle et la foi ne dut guère embarrasser sa conscience au cours de ses chutes amoureuses. Sans doute se contenta-t-elle, toute sa vie, de quelques pratiques de dévotion espagnoles plus faites d'imitation et d'habitude que de véritable conviction. Son âme avait peu de propension à la religiosité. Elle était aux antipodes du mysticisme. Quant à la morale, elle n'en trouva autour d'elle ni l'enseignement ni l'exemple. Les gens de finance, à cette époque, — ils n'ont guère changé depuis — arrivaient par la pratique de l'agiotage à une absence à peu près complète de scrupules. Leur vie n'était rien moins qu'édifiante. Ils se paraient volontiers de vice élégant comme d'un vêtement de prix pour obtenir droit d'accès dans la société licencieuse qui donnait le ton. Le monde leur accordait une sorte d'immunité et se montrait indulgent à leurs tares. Quoi d'étonnant, après cela, si Thérésia, bonne, généreuse, femme d'intelligence et de cœur, conserva néanmoins, durant tout le cours de sa carrière accidentée, le plus grand dédain ou plutôt la plus totale incompréhension d'un point de vue moral?

Femme à l'âge où l'on joue encore à la poupée, elle commence, dès ses douze ans, à tourner des têtes. Celle de son oncle Galabert notamment ne sut pas résister à l'étrange attrait de la précoce fillette. De passage à Madrid, il prit feu tout de suite et se mit à lui faire la cour. Qu'on n'accuse pas ses intentions. Il comptait demander sa nièce en mariage. Car l'âge nubile vient vite en Espagne et, à cette époque, les mariées de treize ans n'y étaient pas rares. Mais le comte de Cabarrus n'était pas pressé de voir sa jolie Thérésia en ménage ou, sans doute, il espérait mieux pour elle. Il est probable que ce fut autant pour mettre fin à l'amour avunculaire que pour pousser plus à fond l'éducation de la charmeuse qu'il l'envoya à Paris avec ses deux frères. Et c'est ainsi que nous venons de les voir descendre tous trois de leur berline de voyage devant l'hôtel de M. de Boisgeloup.

Ils reçurent le meilleur accueil du conseiller au Parlement et de sa famille. Peu de temps après, M. de Boisgeloup vint à mourir, mais sa femme n'en conserva pas moins chez elle ces trois petits espagnols dont la vivacité gracieuse, l'originalité piquante et librement épanchée séduisaient des parisiens habitués aux attitudes de commande et à une politesse uniforme et grise. Les deux garçons faisaient avec les jeunes de Boisgeloup un quatuor parfait de camarades. Toute la maison se pâmait d'aise devant la beauté et l'amabilité de Thérésia. On la traitait en enfant gâtée à qui mieux mieux. Les affaires de

M. de Cabarrus continuaient à prospérer. Elles l'amenaient souvent à Paris. Il finit par s'y installer, en achetant un hôtel place des Victoires.

On faisait de bonne heure son entrée dans le monde au XVIIIe siècle. A peine Thérésia eut-elle atteint ses quinze ans qu'on l'y conduisit. On était à l'agonie de cette société de l'ancien régime qui sut mettre tant de raffinement dans ses plaisirs, tant de délicatesse et de grâce dans ses fêtes. Jamais les joies de l'existence ne revêtirent forme plus exquise. « Quiconque n'a pas vécu alors, dit Talleyrand, n'a pas connu la joie de vivre. » (1) Mme de Staël déclare de son côté: « Ceux qui ont vécu dans ce temps ne sauraient s'empêcher d'avouer qu'on n'a jamais vu ni tant de vie ni tant d'esprit nulle part. » (2).

L'esprit partageait son trône avec la coquetterie. La philosophie faisait bon ménage avec l'amour. Thérésia obtint le plus grand succès dans ces salons où le culte de la conversation n'excluait pas d'autres divertissements. Parmi tant de fleurs d'élégance à l'arôme exquisement mièvre, elle éclata comme une tubéreuse au parfum un peu fort. Cette société avide de nouveau prodigua ses ap-

(1) Guizot. — *Mémoires pour servir à l'histoire de mon temps*. T. I, p. 6.
(2) Mme de Staël. — *Considérations sur la Révolution Française*. T. I, p. 300.

plaudissements à la *jota* qu'elle dansait à la fois avec tant de feu et d'abandon. On raffola des romances andalouses qu'elle chantait d'une voix pleine de caresses, en s'accompagnant de sa guitare. Mlle de Cabarrus éprouvait la plus grande joie à se voir ainsi admirée, écoutée, complimentée. Elle était déjà possédée de ce désir de briller, de faire montre de ses talents et de ses charmes qui sera un des traits les plus saillants de son caractère.

Les hommes s'empressent à l'envi autour de cette jeune et jolie étrangère qui semble tout éclairer autour d'elle d'un chaud rayon de soleil méridional. Son règne commence déjà. Elle reçoit de toutes parts des madrigaux sur ses jolies mains, ses pieds adorables. Dans ce Paris des dernières années de la royauté où flotte une atmosphère de galanterie, sa coquetterie se fait plus experte, plus consciente. Elle en joue avec un art consommé, acidulant le marivaudage courant d'une pointe d'âcre saveur castillane. Son esprit s'annonce vif, affiné, fertile en aperçus rapides. Le regard lumineux de ses grands yeux noirs en exprime bien la qualité. Elle possède une grande facilité d'assimilation, d'accommodation au milieu. Bientôt, le cachet national de sa mise fait place aux dernières trouvailles de la mode parisienne. Personne ne porte mieux qu'elle les vastes chapeaux *bonnettes,* les volumineux fichus de linon, les robes couleur *puce* et *cheveu de la Reine.*

Aussi, que d'hommages sur son chemin! Elle n'en dédaigne aucun et, s'il en faut croire un témoignage contemporain, sa coquetterie se laisse même entraîner jusqu'à d'assez scabreuses libertés. D'après le témoignage de mémoires inédits (1), Thérésia s'était éprise du jeune Méréville, fils du marquis de Laborde et elle le retrouvait, chaque nuit, sous les ombrages de son parc. Ne nous effarouchons pas trop de ces rendez-vous nocturnes. L'opinion du temps les acceptait assez délibérément. Sans doute, l'idylle fut plus imprudente que coupable. En tout cas, elle n'eut pas de suite, probablement parce que Méréville trouva à Mlle de Cabarrus plus de dispositions à courir l'aventure galante sous la lune qu'à assurer le bonheur d'un mari.

Moins bien informés, d'autres épouseurs se montrèrent moins prudents. Le prince de Listenay essuya un refus. En revanche, le marquis du Crest déclina l'offre de la jolie main de Thérésia. Il ne se sentait pas de force à retenir en volière ce bel oiseau avide de mouvement et de bruit. Plus tard, devenue Mme Tallien, elle ne lui tint pas

(1) Cités par M. H. Forneron, *Histoire générale des émigrés.* T. II, p. 157.

rancune et « fut, dans tous les temps, empressée à servir celui qui semblait l'avoir dédaignée. » (1) La fille du banquier espagnol s'estimait à sa valeur et savait qu'il ne lui faudrait pas longtemps pour rencontrer un mari de son goût. A quinze ans et demi, elle acceptait, sans grand entraînement mais sans contrainte, messire Jean-Jacques Devin de Fontenay, conseiller à la troisième chambre des enquêtes du Parlement de Paris et fils d'un président à la Chambre des Comptes. Est-ce le dépit de son union manquée avec Méréville qui la décida? C'est peu probable. Elle était ambitieuse et voulait occuper une situation enviée dans la société parisienne. M. de Fontenay avait ce qu'il fallait pour la décider.

Pourtant, malgré ses vingt-six ans, on ne trouvait rien dans ce robin de haute volée qui attirât spécialement l'amour. Il était petit, roux et de visage plutôt ingrat. Son intelligence se révélait moyenne, sa personnalité incolore. Il avait quelque peu couru les coulisses de l'Opéra et les maisons de jeu, moins par goût que par désir de se donner du bel air. Sa noblesse datait de peu. Il était issu d'une famille bourgeoise de Paris dont les débuts avaient été si modestes que le Parlement avait fait longtemps des façons avant

(1) Georgette Ducrest. — *Mémoires sur l'impératrice Joséphine*, t. III, p. 178.

de lui donner séance sur les fleurs de lys. Le premier, l'aïeul, avait accolé le nom de Fontenay à celui de Devin, sous prétexte qu'il possédait une maison à Fontenay-aux-Roses. Quant au titre de marquis, M. de Fontenay ne le prit qu'après son mariage, à la suite de l'achat de plusieurs terres et notamment de celle de Boulay qui avait été jadis érigée en marquisat. Quand on est propriétaire du fief, pourquoi se priver du titre? C'était la manie à la mode. « Les hommes nouveaux, dit Mercier, tâchent de faire oublier leur origine et on les voit tous possédés de la fureur de faire ériger leur terre en marquisat. » (1)

Mais ce que M. de Fontenay apportait d'appréciable, c'était sa situation de membre du Parlement à une époque où ce corps tenait la plus haute place dans l'opinion, et sa fortune qui se montait à plus de 800.000 livres. De son côté, Thérésia avait reçu en dot environ 400.000 livres dont quatre maisons. L'une d'elles sera la fameuse Chaumière Tallien. Le jeune ménage débutait donc dans la vie avec tout l'éclat du rang et de la fortune. La fille du financier parvenu entrait de plain-pied dans la haute société de son temps et sortait de la sacristie grande dame. Le mariage eut lieu à la paroisse Saint-Eustache, le

(1) Mercier. — *Tableau de Paris*, t. I, p. 143.

jeudi 21 février 1788. Le soir, le couple s'installa dans la grande maison de famille qu'on appelait l'hôtel Fontenay. C'était une grande bâtisse de style Louis XIII dans la rue Saint-Louis-en-l'Isle. Thérésia se trouvait ramenée comme jeune femme au milieu de ce grave quartier de magistrats où elle était débarquée fillette un peu plus de deux ans auparavant. Orné à profusion de moulures et de sculptures, l'hôtel avait un bel aspect d'opulence. Par ses souvenirs, il rappelait les temps troublés de la Fronde parlementaire. L'appartement de Thérésia ouvrait par quatre hautes fenêtres sur une cour carrée. Cette maison existe toujours. Elle occupe aujourd'hui les numéros, 51, 53 et 55 de la rue Saint-Louis et le numéro 7 de la rue Budé. Mgr Affre, blessé à mort sur une barricade du faubourg Saint-Antoine, y a rendu le dernier soupir, le 27 juin 1848.

La lune de miel des nouveaux époux ne fut guère faite d'intimité. La jeune Mme de Fontenay entendait sortir tous les soirs, éblouir Paris du luxe de ses toilettes et de ses parures, promener de salon en salon le triomphe de sa délicieuse personne. D'ailleurs, M. de Fontenay aimait le monde. Ils passèrent en réunions et en bals ce carnaval de 1788. Thérésia fit partout sensation. Elle éclipsait instantanément les rivales qu'on aurait pu lui opposer par sa physionomie mobile et pure où demeurait quelque chose d'enfantin, par ses yeux brillants et doux, sa bouche au voluptueux ourlet, sa splendide chevelure de jais, le grain soyeux de son éclatant décolletage, la sveltesse encore gracile de ses formes harmonieuses. Avec cela, le rire de ses belles lèvres de pourpre sonnait joyeux et clair et elle parlait avec cet accent coloré que le midi donne à la parole des femmes. L'entrée d'une semblable reine de beauté interrompait dans une société les conversations, le jeu, la musique. L'assistance contemplait de tous ses yeux, suivant l'expression d'un contemporain, « cette échelle de perfections humaines que le Créateur s'était plu à répandre sur elle, le jour d'une fête paradisiaque ». (1) Y avait-il quelque défaut à cet admirable ensemble? Laissons, pour le savoir, la parole à une femme moins suspecte de partialité en faveur d'une de ses pareilles. Voici un piquant portrait de Thérésia par cette comtesse de Laage de Volude à laquelle elle devait sauver la vie à Bordeaux:

« Les cheveux sont noirs et brillants, absolument de la soie. Ils cherchent à s'accorder avec les yeux, avec la bouche, pour tâcher de donner un peu de sérieux à cette physionomie, mais il faudra bien des années et des mariages, pour

(1) J. de Norvins. — *Mémorial*, t. I, p. 167 à 170.

qu'ils y parviennent. En attendant, rien ne peut la dépouiller de ce petit air dégagé et conquérant qu'elle tient évidemment de son aïeul le *conquistador,* ni de cette mine d'indépendance qui plaît tant aux hommes, toujours affamés de subir un joug et d'obéir à un jupon. Les dents sont blanches, belles comme si elles étaient fausses, et rient pour un rien, sans grimace aucune. Le nez... hélas! que de fois il a fait enrager sa propriétaire pour s'être avisé d'être presque aussi charnu aux ailes qu'aux lèvres. Légèrement proéminent, le menton accuse de la volonté, de l'ambition. Et cet ensemble de gaîté, de sensualité, d'idéalisme, d'assurance, de grâce, d'ironie, de force, se fond harmonieusement en une physionomie piquante, vive en même temps que douce et bonne enfant. » (1)

Ainsi, au nez près, la beauté de la marquise de Fontenay était irréprochable. Malheureusement, on ne put longtemps en dire autant de sa conduite. Ses coquetteries, ses libertés, ses inconséquences ne tardèrent pas à faire jaser. On lui prêta nombre d'amants et notamment Alexandre de Lameth, Louis de Noailles, le duc d'Aiguillon, Félix Lepelletier de Saint-Fargeau, le frère cadet

(1) Marquise de Laage de Volude. — *Souvenirs de l'Emigration,* p. 160, 161.

de celui qui devait être assassiné par le garde du corps Pâris. Ce ne fut, certes, pas la passion, mais son insouciance, sa fantaisie, qui la jeta dans ces aventures. Elle cédait par curiosité, par complaisance et aussi parce qu'elle ne se trouvait pas de raison valable pour résister. Pourquoi faire mystère de charmes si parfaits? Le moyen de refuser le bonheur, quand on se sent maîtresse de le donner si complet?

La pudeur avait peu de prise sur cette âme qui s'abandonnait en riant à la vie et pour qui n'existaient ni principes ni barrières. L'orgueil de sa chair la fit, toute sa vie, manquer à la réserve la plus élémentaire. Et puis, la mode se faisait sa complice. Il était alors du dernier bourgeois pour une grande dame de ne pas avoir d'amant. Les mœurs du jour avaient des trésors d'indulgence à la disposition des épouses infidèles. Pourvu qu'il n'y eût pas de scandale trop bruyant, un mari trompé se fût disqualifié au regard du monde, en ne fermant pas les yeux. « Je vous permets tout, disait à sa jeune femme un gentilhomme marié du matin, hormis les princes et les laquais. » Joignez à cela cette irrésistible *voix de la nature* qui revenait comme un refrain solennel dans les conversations et dans les livres et le besoin de jouer à soi-même et aux autres les Julie et les Saint-Preux. Entre quelques caprices sans portée et presque sans lendemain, la marquise de Fontenay rencontra pourtant un assez sérieux attachement. Le héros en fut ce Félix Lepelletier de Saint-Fargeau au fin visage juvénile, à la parole ardente qu'on appelait *Blondinet* à cause de la couleur de ses cheveux. Plus tard, Thérésia fit l'aveu de cet amour à Mme de Laage de Volude: « J'étais très liée avec Saint-Fargeau qui m'a fait toutes les infamies: cependant rien n'a pu me détacher de lui. » (1)

D'ailleurs, il faut avouer que M. de Fontenay ne faisait pas de grands efforts pour se conserver la tendresse de sa femme. Beau diseur, maniéré, cérémonieux dans le monde, il se montrait cassant, fantasque et autoritaire dans son ménage. Se conformant, lui aussi, aux faciles mœurs de son époque, il courait le jeu de creps et les filles. On le vit perdre des sommes assez rondelettes au *Club Polonais* du Palais-Royal et au biribi des *Vertus.* Il promenait sans vergogne à son bras les impures en renom portant pelisse de satin brodée d'hermine. Il finit par s'amouracher d'une fille de boutique et alla jusqu'à l'installer sous le toit conjugal. La marquise de Fontenay se révolta contre un procédé aussi outrageant. Elle résolut de se venger et ce fut de ce moment

(1) Ch. Nauroy. — *Révolutionnaires,* Mme Tallien.

qu'elle se donna toute licence. L'entente cessa d'exister dans le ménage, chacun des époux ayant sa vie, ses plaisirs, ses amours, de son côté. La présence d'un enfant au foyer ne changea rien à cette situation. Thérésia avait, en effet, mis au monde, le 2 mai 1789, un fils qui reçut les noms d'Antoine-François-Julien-Théodore-Denis-Ignace (1). Que voilà bien la tradition espagnole avec cette ribambelle de patrons!

A peine relevée de couches, la jeune mère éprouva la toquade de faire peindre son portrait. Elle s'adressa au peintre à la mode: la jolie et spirituelle Mme Vigée-Lebrun. Si on en croit le récit qu'elle aimait à faire dans son âge mûr, ce fut dans l'atelier de celle-là qu'un malin hasard la mit, pour la première fois, en présence de Tallien. Peut-être l'imagination fertile de Thérésia s'est-elle complue à poétiser encore une situation déjà suffisamment romanesque. Quoi qu'il en soit, voici l'histoire.

Le portrait venait d'être terminé. M. de Fontenay qui restait fier, malgré tout, d'avoir une des plus belles femmes de Paris, avait convoqué quelques amis dans l'atelier de Mme Vigée-Le-

(1) Antoine de Fontenay embrassa la carrière militaire, devint en 1808 aide de camp du général Thiébault et mourut prématurément en 1815, lieutenant-colonel et officier de la Légion d'honneur.

brun, afin d'avoir leur avis sur la gracieuse image qui souriait sur la toile. Rivarol se trouvait parmi eux. On admire, on discute, on loue, on critique, lorsque le laquais introduit un jeune garçon à la mise modeste, mais à la tournure pleine d'aisance et au regard brillant et assuré. C'est tout simplement un prote de l'imprimeur Pankoucke, du nom de Jean Tallien. Il aborde Rivarol, un paquet d'épreuves à la main, lui expliquant qu'il sort de chez lui et que la servante l'a renvoyé chez Mme Vigée-Lebrun. Il vient lui demander d'écrire de nouveau certains mots de son manuscrit qu'on n'a pu déchiffrer. Tout en s'exécutant, le mordant épigrammatiste plaisante agréablement le jeune prote. Mais celui-ci riposte si sûrement du tac au tac qu'il met derechef les rieurs de son côté. Surprise et charmée de tant d'à-propos, Mme de Fontenay lui demande ce qu'il pense de son portrait. Critiques et amateurs ne peuvent s'entendre: qu'il prononce, lui, l'ignorant en peinture! Mais, sans se déconcerter, le jeune Tallien examine l'œuvre et avec une étonnante sûreté de goût et de coup d'œil, il en signale les points faibles. On s'ébahit à l'entendre parler de jeux de lumière, de tons à la Velasquez. La marquise lui demande en souriant: « Vous avez donc été dans l'atelier de Velasquez, monsieur? » Mi-ému, mi-railleur, il s'incline très bas sans répondre, reprend ses épreuves et sort, en laissant tout ce beau monde sous le charme de sa bonne grâce.

Pour désunis qu'ils soient, M. et Mme de Fontenay ne cessent de recevoir. Tout le Parlement vient chez eux et s'y retrouve avec des grands seigneurs, des militaires, des gens de lettres. Saint-Fargeau, l'aîné, président à mortier, y fait étalage d'un talent de conversation qu'on s'arrache, encore qu'assez empreint de morgue et de solennité. D'Aligre, Rivarol, Chamfort déversent un flot de mots féroces et cassent du sucre sur les puissants du jour en pointes d'une exquise finesse. Plus trivial, Saint-Vincent; plus mielleux, Freteau; plus empesé, Trudaine. Lafayette respire l'encens que lui prodigue un cercle de jeunes ambitieux. Appuyé à la cheminée, Condorcet disserte des droits de l'homme et de l'inégalité. L'auteur d'*Aline, reine de Golconde,* Favières, fait rire avec de grivoises anecdotes de théâtre. Les femmes bavardent romances italiennes et modes anglaises. La jeune marquise va de groupe en groupe, accueillante, affable, prévenante, trouvant pour tous le mot aimable, mettant chacun sur le sujet où il a l'habitude de briller. Toute une troupe de soupirants n'a d'yeux que pour elle et suit avec ivresse ses moindres mouvements. Alexandre de Lameth se pâme devant son aptitude naturelle à toutes les grâces. Il madrigalise: « La nature vous dit: chante, et vous chantez. Elle vous dit: danse, et vous dansez. » Le jeune *Blondinet* la couve d'un regard d'adoration. Il joue ici le rôle de Chérubin et n'est pas moins heureux que lui.

L'été, M. et Mme de Fontenay vont s'installer dans la familiale maison de campagne de Fontenay-aux-Roses assez ambitieusement dénommée château pour l'éblouissement des hôtes qu'on y reçoit. Ici aussi, une brillante société ne cesse d'accourir en luxueux équipage. On s'adonne à des plaisirs champêtres suivant la conception de Florian et de Gessner. On fait du jardinage en bas de soie. On met de la poudre et des mouches pour aller voir peiner les moissonneurs. Pour tous ces lecteurs de Delille et de Roucher, l'agriculture se présente sous la forme de l'églogue. Tout en buvant du lait et en goûtant du pain bis, ils parlent avec onction de l'humanité et de l'homme suivant la nature. Le goût du jour est à la pastorale et ces raffinés mettent toute leur ingéniosité à s'entourer d'un décor factice qu'ils prennent pour de la rusticité. La reine ne donne-t-elle pas l'exemple, en jouant à la laitière dans ce Petit-Trianon truqué et machiné comme un décor d'opéra-comique? Thérésia imagine des divertissements champêtres. Elle fait représenter sur un théâtre de verdure le *Devin du village* et la *Rosière de Sallency.* Chamfort, Rivarol, les

Champcenetz, Lafayette honorent la fête de leur présence. Le chantre patenté des bergerades, Florian, vient lui-même, en voisin, du château du duc de Penthièvre. Des jeunes filles vêtues de blanc attendent les hôtes de Paris à la grille avec des guirlandes de fleurs. Déjà commence ce goût de la mascarade idyllique qui sera un des caractères et des ridicules de la Révolution.

Elle vient d'éclater, cette Révolution, pleine de promesses, annonçant l'universel bonheur, acclamée de presque tous ceux qu'elle dévorera. La Constituante siège. On danse sur les ruines de la Bastille. Dans les salons, on ne cause plus aventures amoureuses, ni petits vers, ni potins de la ville et de la cour. Les mots qui frappent les oreilles sont ceux de *déficit, cahiers, ordres, veto, constitution.* En fait de livres du jour, on se demande : « Avez-vous lu *Qu'est-ce que le tiers?* » Coup mortel pour la galanterie et pour les femmes! Elles sont maintenant dans le monde comme des fleurs qu'on ne respire plus. Leur seule ressource est de s'intéresser aux événements et de s'improviser Egéries de la politique. Tout de suite, elles se passionnent. Ces cœurs que Rousseau, suivant l'expression de d'Escherny, a *fondus et liquéfiés* se lancent avec une ardeur déréglée dans le tourbillon des idées nouvelles. Les élégantes manquent le spectacle pour l'Assemblée nationale.

Elles échangent des billets de tribune contre des billets d'Opéra, avec six livres de retour (1). Prompte à tous les entraînements et à toutes les transformations, Thérésia suit le courant. A l'exemple de Madame Necker, de Madame de Beauharnais, de Madame Roland, elle fait de son salon un cercle politique, une officine de discussions et de conférences. Le ton y est au libéralisme et aux réformes. Il a été donné par les grands seigneurs amis de la maison, les Montmorency, les La Rochefoucauld et surtout les deux frères de Lameth, ingrats qui ont oublié leur ancienne protectrice, Marie-Antoinette. C'est la guerre d'Amérique qui a mué tous ces papillons de cour en républicains. Mais leur vaniteuse confiance se leurre, quand elle se croit capable d'arrêter dans son irrésistible élan un peuple qui voit dans la Révolution autre chose qu'une nouveauté et qu'une matière à développements.

On ne saurait affirmer que le patriotisme de Thérésia fut des plus profonds. En tout cas, des gens évidemment mal intentionnés se permirent de ne pas le prendre au sérieux. Des folliculaires en attribuèrent malignement la source à certaines intimités de nuances diverses. La *Chronique*

(1) *Déjeuner du mardi ou la Vérité à bon marché.*

Scandaleuse de 1791 (2) et le *Journal de la Ville* (3) poussèrent si loin leurs insinuations à ce sujet que Mme de Fontenay se crut obligée de protester et d'envoyer la lettre suivante aux rédacteurs de cette dernière feuille:

« Vous êtes trop amis de la vérité pour ne pas consentir à détruire un bruit aussi déshonorant pour moi qu'alarmant pour la famille honnete à laquelle j'ai l'honneur d'être alliée. On dit, et sans horreur je ne puis le redire, que mon patriotisme m'a liée successivement un peu trop avec MM. de Lameth, de Montron, de Bozon, de Condorcet, Louis de Noailles, etc., etc. L'impartialité dont je fais profession, étant membresse du Club de 1789, a pu seule donner cours à cette calomnie. Je vous prie de vouloir bien, dans votre prochain numéro, établir la différence des deux mots, impartialité et indifférence, qui du premier abord paraissent synonymes aux esprits lourds. Cette erreur compromettrait ma sensibilité; je ne saurais perdre à ce juste déni, puisqu'il va nécessairement me mettre à dos Charles Villette et son parti, comme il me réhabilitera vis-à-vis des honnêtes gens.

CABARRUS, femme FONTENAY.

(2) 2 Avril 1791.
(3) Nos 6 et 14.

Toute *membresse* de club qu'elle est, elle n'ose faire figurer son titre de marquise dans sa signature. C'est que le temps a marché et qu'il est devenu imprudent d'étaler sa noblesse. Le vent de révolution souffle en tempête. Mme de Fontenay commence à revenir de sa toquade républicaine. Au futur chancelier Pasquier qu'elle rencontre à la fête de la Fédération, elle ne cache par ses anxiétés sur l'avenir. En même temps, d'autres craintes hantent son esprit. En Espagne, son père vient d'encourir une complète disgrâce et d'être jeté en prison sur l'ordre du ministre Llérina nommé à la mort de Charles III. Le banquier est accusé d'intrigues de toutes sortes, de spéculations louches, d'accaparements. La pauvre Thérésia se désole. Au moment où elle vient de recevoir la si alarmante nouvelle, Lafayette entre dans son salon. D'un mouvement impétueux, elle se précipite vers lui, ses beaux yeux remplis de larmes: « Général, s'écrie-t-elle, donnez-moi donc une armée de gardes nationales pour délivrer mon père! »

Il faudra bientôt qu'elle songe à se sauver elle-même. Paris tremble sous la tyrannie révolutionnaire. Sur la place du Trône-Renversé, la *Louison* (1) fauche les têtes tout le jour. Ce n'est plus

(1) Nom donné par le peuple à la guillotine inventée par Louis.

l'heure de briller au bal et d'être le plus bel ornement de la société du Marais. Il s'agit de faire oublier qu'on est marquise et femme d'un membre du ci-devant Parlement. M. de Fontenay et sa femme cherchent d'abord à conjurer le mauvais sort par des dons patriotiques. Le 28 germinal an II, il verse 16.946 livres pour l'emprunt forcé. Puis ce sont des cadeaux successifs de 60, 100, 500 livres. Il va jusqu'à déposer sur l'autel de la Patrie deux couvertures, deux paires de bas, une paire de souliers et jusqu'à sa vieille robe de conseiller. Thérésia verse elle-même sur sa fortune personnelle 9.000 livres (2). Mais de redoutables mesures se préparent. L'ordre est donné de mettre en arrestation immédiate les ex-nobles et les anciens membres du Parlement de Paris qui n'auraient pas suffisamment fait preuve d'opinions révolutionnaires. M. de Fontenay tremble d'être compris dans cette catégorie. Il va se réfugier dans une maison amie. De son côté, Thérésia ne se sent pas moins menacée. Au cours de fréquents séjours à Paris, son père a trafiqué sur les domaines nationaux, joué à la Bourse sur les valeurs et les assignats, spéculé sur les blés, les charrois, les fournitures militaires. C'en est assez pour qu'elle-même devienne suspecte. Elle songe

(2) Etat de comptabilité cité par M. Ch. Nauroy, *Révolutionnaires*.

qu'elle serait plus en sûreté à Bordeaux auprès de son frère aîné Théodore qui y a ouvert une maison de commerce sous la raison sociale: *Cabarrus fils et Cie*.

Il est singulier que le danger commun n'ait pas alors rapproché les deux époux. Au contraire, ils se réjouirent de trouver dans le nouvel ordre de choses un moyen de se séparer définitivement. Le divorce était en faveur. Ils le demandèrent. Cela ne les empêcha pas de combiner leurs projets de voyage et de faire route dans la même berline, vers Bordeaux. Le 16 mars 1793, le couple passa la barrière de l'Etoile avec un soupir de soulagement. Il était dûment muni d'un passeport au nom de « Jean-Jacques Devin fils, sans profession, obligé de faire ce voyage pour affaires de famille. » (1) Le petit Antoine, âgé de quatre ans et joli comme un amour accompagnait ses parents.

Le voyage fut morne. La plus grande froideur ne cessa de régner entre ce mari de trente ans et cette épouse de vingt qui allaient se quitter pour toujours au milieu des bouleversements les plus périlleux et les plus effrayants d'imprévu tragique. Le jour même de son arrivée à Bordeaux, M. de Fontenay se faisait délivrer un passeport

(1) Archives nationales.

pour la Martinique au nom de « J. J. D. cultivateur français ». Le 11 mars, il s'embarqua, insoucieux de celle qui avait été sa compagne pendant cinq ans et du fils qu'il lui laissait. Il n'avait même pas attendu le prononcé de son divorce qui n'eut lieu que le 5 avril.

Thérésia ne devait pas revoir ce faux marquis d'ancien régime qui n'en avait ni la délicatesse ni l'esprit. Elle n'entendit parler de lui dans la suite que pour apprendre qu'il avait cavalièrement compris dans des ventes de biens des terres dont elle était la légitime propriétaire. Quant à elle, elle allait trouver à Bordeaux le roman le plus extraordinaire qu'une femme ait jamais vécu.

CHAPITRE II.

La Maîtresse du Représentant

Bordeaux en 1793. — Le Roman de « René » transposé. — Les deux sigisbées. — Le voyage à Bagnères. — Une nuit agitée. — L'adorable infirmière. — Jean-Lambert Tallien. — La Terreur à Bordeaux. — On perquisitionne chez Théodore Cabarrus. — Première entrevue avec Tallien. — Arrestation de Thérésia. — Le cachot du fort du Hâ. — La légende des rats et le roman de la liste. — Libre ! — L'odieux marché. — La déesse de la Liberté. Le discours sur « l'Education ».

Thérésia trouva Bordeaux dans une effervescence extraordinaire. Les clubs gouvernaient la ville. Par leur turbulence et leurs prétentions, les sociétés populaires avaient déchaîné une épouvantable anarchie. Le commerce était mort. La disette provoquait, chaque jour, des émeutes. On se disputait un misérable pain confectionné avec du riz, des fèves, des haricots, des pois avariés, du son et des balayures de blé soigneusement recueillies dans les greniers. Les passions se donnaient libre carrière. Les cervelles battaient la campagne.

Dans ce pays où les têtes sont chaudes et les langues toujours en mouvement, les carrefours se peuplaient de discoureurs qui déversaient sur une foule en délire les motions les plus absurdes, les plus dangereuses excitations. Les femmes s'étaient mises de la partie. Elles avaient fondé un club des *Amies de la Constitution* où deux ou trois cents toquées juraient de sauver la Nation, vouaient Pitt et Cobourg à la mort et exaltaient avec une complaisante furie leur propre patriotisme. Elles avaient été jusqu'à former un bataillon qui, en jupe courte et feutre emplumé, allait faire l'exercice de la pique sur le Champ de Mars ou le cours Messidor (cours d'Albret) (1). De mauvais drôles en bonnet rouge et carmagnole, d'horribles mégères processionnaient en réclamant la tête des nobles et des riches négociants des Chartrons. La patrie de Montaigne présentait tout le grotesque et l'odieux d'une ville livrée à la domination populaire.

Ce spectacle n'attrista pas outre mesure la belle divorcée. Elle avait vingt ans, elle était libre, elle apportait avec elle toutes les séductions. Elle commença par chercher quelles distractions pourrait bien lui offrir cette ville de Bordeaux où elle était fort connue de la haute société. Mais l'angoisse avait fermé les salons. Les violons des bals s'étaient tus. Elle aurait pu trouver une occupation dans l'éducation de son fils. Mais, bien

(1) A. de Vivie. — *La Terreur à Bordeaux.*

qu'elle aimât le petit Antoine de tout son cœur, elle n'était pas de celles qui se satisfont avec l'accomplissement d'un devoir. Un passe-temps lui restait : l'amour, et elle brûlait de s'y abandonner.

Par une anomalie qui surprend dans un tempérament aussi sain que le sien et dans une tête solidement organisée, ce besoin d'aimer prit tout d'abord la forme de la plus inquiétante névrose. Suivant l'expression de Mme d'Abrantès, « ce fut le roman de *René* avec une entière transposition. » (1) Thérésia aima ou crut aimer son plus jeune frère et se laissa aller quelque temps à cette aberration. Peut-être faut-il voir là une conséquence imprévue du déséquilibre général que la Révolution avait semé dans les esprits. Le jeune homme ne partagea pas, du reste, le sentiment contre nature qu'il avait inspiré. Il en ressentit, au contraire, une profonde douleur et se fit un pénible devoir de fuir cette sœur pour laquelle il s'était toujours senti la plus vive affection.

Malgré l'arrêt de la vie mondaine, il y avait souvent brillante société chez Théodore Cabarrus. Les grands yeux veloutés de Thérésia y attiraient des hommes de tout âge. L'oncle Galabert faisait partie de ce cercle et il montrait auprès de sa

(1) Duchesse d'Abrantès. — *Mémoires.*

belle nièce le même empressement que jadis. Sans doute songeait-il à reprendre ses anciens projets maintenant qu'elle était redevenue libre de son cœur et de sa main. Parmi les autres familiers de la maison Cabarrus, on remarquait un jeune homme de dix-neuf ans à la figure régulière, à l'expression ardente. Il était adjoint au commissaire des guerres et s'appelait Edouard de Colbert. Son esprit était fin, ses manières pleines de distinction. Son tempérament débordait d'une fougue qui n'avait pas encore trouvé d'emploi. Il devint éperdument amoureux de Thérésia, se fit son suivant, resta des heures à la regarder peindre, à l'écouter jouer de la guitare. Mais comment oser s'ouvrir de sa passion à une aussi fière beauté? La taille majestueuse de Thérésia, son air dominateur, ses façons conquérantes intimidaient invinciblement Edouard de Colbert. L'aveu ne put dépasser ses lèvres. Et la cruelle ne paraissait pas comprendre! Elle passait indifférente, au milieu de ces muets élans d'adoration. Une confidence soulage toujours. Le pauvre soupirant découvrit son mal délicieux à un ami de son âge, M. de Lamothe, fils du médecin ordinaire du feu roi Louis XVI. Même, pour bien lui prouver l'éblouissante supériorité de celle qu'il aimait, il l'introduisit chez les Cabarrus. Il le supplia alors de dévoiler son amour à Thérésia, d'obtenir d'elle l'explication de ses froideurs et de plaider sa cause avec toute la chaleur, toute la persuasion possible.

M. de Lamothe promit, mais il ne lui était guère facile de s'acquitter de sa mission. Thérésia était étroitement surveillée par son oncle Galabert en qui couvait toujours le levain d'autrefois et par son frère Théodore, « vrai tuteur de comédie, jaloux comme un espagnol, grondeur comme un vieillard de tous les pays. » (1) Néanmoins, le confident essaya par tous les moyens de se rapprocher de la belle dédaigneuse. Mais Edouard de Colbert avait commis l'imprudence suprême. Ce charme captivant, ce capiteux parfum d'amour qui l'avaient si follement grisé agirent avec la même puissance sur son émissaire. Un regard de Thérésia longuement posé sur celui-ci, et le rôle fut oublié. C'était une nouvelle conquête liée au char de la triomphatrice. Au lieu d'un sigisbée, elle en eut deux. Elle s'en amusa en coquette experte, donnant tantôt à l'un tantôt à l'autre, de menues préférences, attisant le feu sans le nourrir, indifférente en apparence, mais savourant avec un secret plaisir l'hommage fervent et caché de ces cœurs de vingt ans. Pourtant, elle se sentait plus portée vers Lamothe, de visage plus

(1) Duchesse d'Abrantès. — *Salons de Paris.*

énergique et plus mâle, d'allure plus décidée, de caractère plus enjoué. Elle n'eut point été femme comme elle l'était, si elle n'avait préféré au Céladon transi celui qui avait assumé le téméraire emploi d'intermédiaire.

Durant le chaud été de 1793, Thérésia traîna partout à sa suite sa cour d'adorateurs. Un soir qu'on prenait des glaces sur les Allées de Tourny, on parla des charmes de la campagne, du plaisir qu'il y aurait à y séjourner loin de l'obsession des clubs et des hurlements éraillés de la *Carmagnole.* Quelqu'un proposa d'aller goûter la fraîcheur à Bagnères et l'idée fut accueillie avec enthousiasme. L'amour ne trouve-t-il pas souvent son compte aux hasards de la route? Les deux jeunes rivaux et, qui sait? peut-être aussi ce sournois d'oncle Galabert se disaient qu'une halte à l'auberge pouvait conduire leurs espérances au plus exquis dénouement. Ils furent tous trois du voyage avec Thérésia et le terrible Théodore.

On abandonna joyeusement la ville où la flamme des fureurs politiques le disputait aux ardeurs de la canicule. Bientôt, le fouet du cocher claqua au milieu de ces vignes dorées du Médoc qui sont soignées et éclatantes comme des fleurs rares. Dans la vaste calèche, les voyageurs bavardaient, riaient, jouaient au *Corbillon,* aux *Propos interrompus,* au *Pince sans rire.* On arriva ainsi dans un petit bourg, aux environs de Langon, où l'on décida de souper et de coucher. Malheureusement, l'unique auberge du pays ne disposait que de trois chambres qui se commandaient l'une l'autre. Trois chambres pour cinq voyageurs et toute une suite de domestiques! Comment s'arranger? Gardiens de la vertu de Thérésia, Théodore Cabarrus et l'oncle Galabert étaient quelque peu sur le qui-vive. Ils finirent par décider qu'elle coucherait dans la chambre du fond, que ses quatre compagnons s'installeraient de leur mieux dans la seconde et que les domestiques camperaient dans la troisième.

On prend ses dispositions pour la nuit. Tout de suite, le jeune Lamothe s'aperçoit qu'une alliance a été ourdie contre lui par ses trois compagnons. Ils l'ont placé au milieu d'eux, à la façon de quelqu'un dont on se méfie et qu'on surveille. Tel est le résultat des quelques entretiens particuliers qu'il a obtenus de la divinité du voyage. Une rage sourde s'empare de lui, car elle a écouté sans protestations l'aveu de son amour et elle a daigné lui accorder, pour ce soir, une secrète entrevue. N'importe, il parlera à Thérésia! Il tuera plutôt tous ceux qui voudraient y mettre obstacle et le voilà qui fourre dans son lit improvisé un grand couteau de cuisine. Tout le monde se souhaite le bonsoir. Lamothe épie les respirations, prête l'oreille au moindre bruit. Quand il s'est bien assuré que ses compagnons sont endormis, il se lève avec mille précautions. Malédiction! Au moment de se chausser, il ne trouve plus ni bas ni bottes. Sur le conseil d'Edouard de Colbert, ce Bartholo de Cabarrus a tout fait emporter et c'est pourquoi les trois complices dorment si tranquillement. Mais Lamothe n'est pas homme à se laisser arrêter par d'aussi pitoyables manœuvres. Retenant son souffle, avec une adresse patiente de crocheteur, il se glisse, pieds nus, auprès de celle qui l'attend. Ah! comme le cœur lui bat délicieusement!

Sans être concluant, l'entretien est des plus tendres. Thérésia déplore l'esclavage où on la retient. On maudit ensemble la tyrannie du triumvirat Cabarrus-Galabert-Colbert. On jure de lutter contre elle et un baiser des lèvres scelle le traité. Ivre de joie, l'heureux soupirant rentre dans sa chambre. Mais il se trouve en face d'Edouard de Colbert pâle de jalousie et de colère. Les épées jaillissent furieusement du fourreau et cette scène à la Fragonard se termine par un dûel où Lamothe a le bonheur d'être touché.

Ce fut un bonheur, en effet, car cette blessure peu grave lui ouvrit tout à fait les bras de celle qu'il aimait. Thérésia acquittait ainsi une dette de sa vanité féminine. Car elle était ravie et considérablement flattée que deux beaux jeunes gens se fussent coupé la gorge pour elle. Naturellement, le voyage en resta là. Cabarrus, l'oncle et Edouard de Colbert retournèrent sur leurs pas, furieusement dépités. Thérésia, prise soudain d'un romanesque besoin de se dévouer, resta dans l'humble auberge à soigner le blessé de ses blanches mains. Comment ne pas guérir vite avec une pareille infirmière à son chevet? « Thérésia et moi, a raconté depuis le général de Lamothe, heureux comme on l'est quand on s'aime et qu'on est libre, nous passâmes le temps de ma convalescence dans le plus beau pays du monde, ressentant au cœur une joie qui n'a plus de pareille dans le reste de la vie. »

Mais l'amant heureux de la belle espagnole n'était pas de ceux qui s'attardent aux bras d'Armide, quand la patrie est en danger. Il secoua courageusement la tiède étreinte de la magicienne pour courir à la frontière. Edouard de Colbert avait déjà cherché une diversion à son infortune amoureuse en s'engageant au 8e bataillon des volontaires de la Seine, dit *de Guillaume Tell.* Il emmenait avec lui ce jeune Cabarrus qui avait inspiré à Thérésia une inclination dépravée. Frappé mortellement dans la bataille, celui-ci le chargea de ses dernières volontés « pour celle qu'il était presque heureux de ne plus revoir. » (1) Quant aux deux rivaux d'amour, l'avenir les fit rivaux de gloire. Tous deux devinrent généraux pendant l'épopée napoléonienne. Sabreur émérite, l'ancien petit Edouard de Colbert enfonça dans plus d'une poitrine autrichienne ou russe cette pointe qui avait valu à Lamothe la conquête de Thérésia. Réconciliés par la fraternité d'armes, les deux adversaires durent évoquer souvent au milieu des bivouacs de Moravie et de Pologne les péripéties du voyage à Bagnères.

*
* *

Lorsque Thérésia revint à Bordeaux, l'ébullition y était plus forte que jamais. A l'annonce de la mise en accusation des Girondins, la ville s'était soulevée. Une *Commission populaire de Salut public* avait été nommée qui ne parlait de rien moins que de marcher à l'assaut de la Commune de Paris et qui organisait déjà le mouvement insurrectionnel de toutes pièces. Une tentative de fédéralisme avait été essayée avec les départements voisins. Devant ces menaces, la Convention envoya les représentants Treilhard et Mathieu en mission dans la Gironde. Mais la population bordelaise faillit les écharper. Ils n'avaient pu circu-

(1) Duchesse d'Abrantès. — *Mémoires.*

ler qu'entre des gardes, aux cris mille fois vociférés de : « A la Garonne, les représentants ! » Des commissaires furent alors choisis dans le sein de l'Assemblée avec tous pouvoirs pour rétablir son autorité à Bordeaux. Ysabeau et Baudot y arrivèrent les premiers et trouvèrent le même accueil que Treilhard et Mathieu. Ils furent injuriés et bousculés par la jeunesse dorée de la ville, ceux qu'on appelait « les habits quarrés ». Gardés à vue, toute la nuit, par une foule qui poussait des cris de mort, ils s'effrayèrent et s'enfuirent à la Réole, la commune jacobine jalouse du chef-lieu. Là vint les rejoindre le troisième membre de la Convention qui leur était adjoint. C'était Jean-Lambert Tallien.

Ce nom sema partout la crainte. En effet, bien qu'il n'eut que vingt-six ans, Tallien avait déjà derrière lui un effrayant passé de violences, de rapines et de morts. On savait par quel chemin de basses complaisances et de besognes sanglantes il s'était haussé jusqu'à son siège de conventionnel. A Tours, d'où il arrivait, il avait rempli les prisons, poursuivant de ses fureurs nobles, prêtres, négociants, propriétaires, scandalisant la ville de ses trafics et de ses débauches. Les Bordelais se racontaient les étapes de sa fortune. Né dans une loge de concierge, chez le marquis de Bercy, il n'avait guère su profiter de l'instruction que celui-ci lui avait fait donner au collège. On l'avait vu tour à tour clerc de procureur, commis de négociant, employé de banque, copiste chez le député Brostarel, prote chez Pankoucke, n'arrivant à se fixer nulle part, rongé de jalousies et de rancunes comme la plupart de ceux qui ont été élevés par charité. Alexandre de Lameth l'avait pris un moment pour secrétaire. Mais il n'était même pas capable de rédiger une lettre. Pourtant, il avait la plus haute idée de lui-même. Il se prenait pour un réformateur social, parce que sa haine lui insufflait une rage de bouleversement. Il s'estimait philosophe, pour avoir mal lu Voltaire et Rousseau. Il croyait posséder des principes et ce n'étaient que des maximes d'envie et de désordre. Son ambition ne se composait que d'appétits, son talent d'exaltation, d'aplomb et de phrases creuses.

La Révolution vint à propos pour le servir. Il pensa, non sans raison, qu'il avait tout ce qu'il faut pour tâter du journalisme. Mais sa feuille, l'*Ami des citoyens,* fut moissonnée à la fleur de l'âge. Exécutant d'instinct la classique volte-face des gazetiers malchanceux, il se jugea alors mûr pour la politique. Il avait connu jadis Danton et Camille Desmoulins avocats sans cause, et Hébert distributeur de contremarques à la porte du théâtre des Variétés. Ces relations le rapprochèrent des membres de cette Commune de Paris qui avait introduit dans son sein tous les éléments impurs en fermentation. Tallien en fut nommé secrétaire-greffier. Ce fut lui qu'on chargea de l'organisation « administrative » des massacres de Septembre, à Paris et à Versailles. Il s'en acquitta avec un soin jaloux et obtint comme juste récompense de bénéficier non moins « administrativement » d'une partie des dépouilles des victimes. Ce fut là son principal titre au siège de représentant dans la Seine-et-Oise. Elu, il parla beaucoup, habillant le vide de sa pensée de déclamations sonores, provoquant les journées du 31 mai et du 2 juin, demandant avec acharnement la tête de Louis XVI et réclamant l'exécution du roi pour le jour même du vote. Audacieux, rusé, doué d'une intelligence sans élévation et d'une faconde révolutionnaire sans consistance, ce plébéien arrivait à Bordeaux avec la soif de domination, d'enrichissement et de jouissance d'un proconsul du Bas-Empire.

Le 16 octobre 1793, Ysabeau et Tallien firent leur entrée solennelle dans Bordeaux par une brèche pratiquée au mur de la ville, près de la porte Sainte-Eulalie ou de Berry. Un morne et froid manteau de brume enveloppait la ville silencieuse. D'une fenêtre de son appartement du cours de Tourny, Thérésia vit passer le cortège.

En tête, s'avançait la moitié de l'armée révolutionnaire recrutée spécialement pour le service des représentants: quinze cents hommes environ aux mines farouches et patibulaires, le chapeau à plumet rouge de travers, les buffleteries de guingois sur l'habit bleu de garde national. Ils avaient à leur tête le général Brune, l'ancien journaliste ami de Danton. Puis, au milieu d'une escorte de gendarmes à cheval, venaient au pas les calèches découvertes où avaient pris place Ysabeau et Tallien en grand costume de conventionnels. Le reste de l'armée révolutionnaire fermait la marche sous le commandement du général Janet, personnage obscur auquel sa qualité de neveu du même Danton avait seule mérité ce poste.

Ysabeau était d'un physique lourd et déplaisant, mais Tallien avait fort bonne mine sous l'habit de cérémonie et le chapeau en bataille surmonté de larges plumes tricolores. Il était grand, svelte, élancé. Sa figure était régulière, bien que peu distinguée. L'œil clair ne manquait pas d'éclat; le nez s'avançait long et droit; les coins des lèvres retroussés révélaient un impérieux penchant à la luxure; les cheveux épais bouclaient avec assez de grâce sur le col. C'était, en somme, un beau garçon d'aspect vulgaire. Thérésia ne reconnut pas sans doute le jeune prote rencontré dans l'atelier de Mme Vigée-Lebrun ni le secrétaire de peu d'importance entrevu quelque jour chez Alexandre de Lameth.

Ce défilé gros de menaces n'occupa guère l'esprit mobile de la jeune femme. Depuis quelque temps, elle s'ennuyait. M. de Lamothe était parti à l'armée. La société bordelaise en proie aux pires angoisses n'avait pas le loisir de faire attention à elle. Elle ne savait à quoi employer le vide de ses heures. Faire étalage de sentiments révolutionnaires était passé de mode depuis longtemps. Le bon ton était maintenant à la réaction, à la contre révolution, mais il y avait quelque danger à le prendre, surtout dans les circonstances présentes. Bien qu'elle fût capable d'énergie et de bravoure, la plus élémentaire prudence recommandait à la belle désœuvrée de faire oublier qu'elle avait été marquise. Comment contenter alors ce besoin de s'agiter, de jouer un rôle qui était si fort en elle? Son bon cœur l'inspira. Elle s'employa à rendre service à une amie persécutée et adressa une pétition au *Comité de surveillance* pour obtenir la levée des scellés placés chez la veuve de Boyer-Fonfrède, après la chute des Girondins. Sa beauté la servit une première fois et les scellés furent retirés.

De tels succès étaient rares. Ysabeau et Tallien faisaient peser sur Bordeaux le plus effroyable joug. Le second avait déclaré en arrivant que les arbres de la Liberté avaient besoin d'être arrosés de sang. Il avait fait installer la guillotine sous les fenêtres de l'hôtel qu'il habitait, place Nationale (place Dauphine). Dès lors, le couperet ne chôma pas Quiconque était suspect de sympathie pour les Girondins dut, suivant l'atroce expression jacobine, « mettre sa tête à la fenêtre nationale ». Les *fournées* se succédèrent comme sur la place de la Révolution. La même foule hurlante et assoiffée de sang entoura l'échafaud bordelais. Il eut, lui aussi, ses tricoteuses qui disaient, d'un air furieusement dépité, les jours où il n'y avait pas d'exécution: « Il n'y a rien aujourd'hui. » (1) Des femmes, des enfants gravirent les rouges degrés. On cite le cas d'une fillette de seize ans qui s'étendit sur la planche en demandant au bourreau: « Monsieur, est-ce que vous allez me faire bien du mal? » Dans cette ville de la gaîté et du bon vin, d'autres mouraient avec le mot pour rire. Le hasard d'une *fournée* réunit l'ancien conseiller municipal Vigne et l'avocat Vigneron. Aimable épicurien plein d'esprit, ce dernier, avant de livrer sa tête au bourreau, se tourna vers les spectateurs avec un suprême sourire en disant: « Décidément, vous n'aurez plus ni Vigne ni Vigneron. »

(1) Aurélien de Vivie. — *La Terreur à Bordeaux.*

Une commission militaire présidée par un instituteur jadis condamné pour escroquerie du nom de Lacombe s'est faite l'inlassable pourvoyeuse de la guillotine. Elle n'a, d'ailleurs, de militaire que le nom, ses membres étant des civils pourvus pour la circonstance des grades de généraux, colonels, capitaines. Tallien fait défiler devant elle un nombre sans cesse accru d'accusés. Il enferme les suspects, les modérés, les indifférents. Un soir, il fait investir la salle du Grand-Théâtre pleine de plus de deux mille personnes, arrête la troupe entière des acteurs qu'il qualifie de « foyer d'aristocratie » et donne l'ordre d'incarcérer tout ce qui ne lui paraît pas suffisamment révolutionnaire parmi les spectateurs. (1) Il fait donner une chasse sans merci aux Girondins Guadet, Pétion, Buzot et à leurs compagnons qui se cachent, croit-on, dans les grottes de Saint-Emilion. « Je ne regrette que de ne pouvoir les tuer de ma propre main, dit-il. Je trouverais du plaisir à frapper un Girondin moi-même. » Un autre jour, il s'écrie rageusement: « Le père Guadet me trompe. Il veut me persuader qu'il déteste son fils. Je le tourne dans tous les sens pour avoir son secret. Je le ferai guillotiner. » (2)

(1) Aurélien de Vivie. — *La Terreur à Bordeaux.*
(2) Mémoires de Sénar.

De pair avec la guillotine, fonctionnent l'amende, la spoliation, le détroussement. Tallien et Ysabeau font main basse sur tous les ornements du culte et « autres attributs de la sottise et de la superstition. » Ils envoient au théâtre de la République (Grand-Théâtre) pour servir à la figuration. Sous prétexte de désarmement, ils exécutent une râfle générale sur les armes de luxe. « Il y a des fusils garnis en or, écrit Tallien au ministre de l'Intérieur. L'or ira à la Monnaie, les fusils aux volontaires et les fédéralistes à la guillotine. » Les membres du *Comité Révolutionnaire*, à la tête d'imposantes forces policières, envahissent les hôtels des grands négociants des Chartrons. Deux cents de ceux-ci sont arrêtés en une nuit. On s'empare de leurs copies de lettres, on appose les scellés sur leurs comptoirs, on crochette et on vide leurs caisses. « La guillotine et de fortes amendes, écrit encore Tallien, vont opérer le scrutin épuratoire du commerce et exterminer les agioteurs et les accapareurs. » (3) Une autre fois, il assure dans une lettre que la guillotine produira en peu de temps quarante millions.

On pense bien qu'un jacobin qui manie de pareilles sommes et qui entend répéter partout

(3) Lettre de Tallien à la Convention.

que tout appartient aux jacobins, commence par ne pas s'oublier. Tallien se fit la part du lion. Il pratiqua sur une échelle infiniment plus étendue les fructueuses opérations qui lui avaient si bien réussi à Tours. Cette vaste entreprise de rapines avait été régulièrement organisée et fonctionnait méthodiquement grâce à un *Comité de surveillance.* Tallien avait placé à la tête de celui-ci l'homme qu'il lui fallait dans la personne de Peyrend Dherval, ancien souffleur de la Comédie, ami de Couthon et instrument admirable pour faire suer leur or aux riches et aux négociants.

Les visites domiciliaires, les perquisitions de jour et de nuit se poursuivaient sans relâche. Les agents du *Comité de Surveillance* volaient, sous leur couvert, avec la plus cynique tranquillité. Le 25 novembre 1793, ils font brusquement irruption dans la maison de Théodore Cabarrus. Ils fouillent les bureaux et les appartements, se font ouvrir les secrétaires, les armoires, les malles, bouleversent les livres et finalement s'en vont sans avoir rien trouvé de compromettant. Ils n'en emportent pas moins toute l'argenterie sous prétexte qu'elle est armoriée. C'est tout juste s'ils laissent une petite cuiller « à l'usage de l'enfant du citoyen Cabarrus. » Après leur départ, on s'aperçoit qu'il manque trois écus de six livres dans une armoire et cinq autres dans la malle d'un domestique.

Le lendemain, Thérésia mise au courant jure que les choses ne se passeront pas ainsi. Elle se fait forte de faire restituer l'argenterie et les écus. N'a-t-elle pas aisément obtenu la levée des scellés chez la veuve de Boyer-Fonfrède? Elle ira trouver hardiment le proconsul terrible et tout-puissant.

Elle y va en effet. Charmé d'une aussi gracieuse visite, ébloui par la beauté de la plaignante, étonné d'une démarche qui, au milieu de la terreur régnante, dénote une véritable audace, Tallien se montre plein de prévenance et promet une complète restitution. La conversation prend un tour galant. Le commissaire de la Convention oublie un moment ses listes redoutables pour se rappeler quelques phrases fleuries entendues chez Alexandre de Lameth. Il n'a pas oublié la marquise de Fontenay et il est heureux de la trouver plus favorisée que jamais de Vénus et des Grâces.

Thérésia sortit de chez Tallien, toute heureuse d'avoir été si bien reçue par un homme dont l'omnipotente protection pouvait la mettre, elle et les siens, à l'abri des persécutions. Confiance trop prompte! Sous la féroce impulsion de Lacombe, la Commission militaire s'ingéniait aux plus subtils cas de suspicion, aux motifs d'arrestation les plus odieusement absurdes. D'invraisemblables racontars menaient tout droit à l'échafaud. Depuis quelque temps, le père de Thérésia était sorti des prisons de Madrid. On l'avait vu à Paris un peu avant la mort de Louis XVI. Des esprits hantés du délire des conspirations insinuèrent qu'il était venu y porter des propositions secrètes du roi d'Espagne et qu'il était chargé de distribuer de l'or aux conventionnels pour les faire voter en faveur du roi. C'en était assez pour que sa fille fut désignée au tribunal de Lacombe. En outre, on accusait la citoyenne Fontenay d'avoir facilité la fuite de « son ci-devant mari à la veille d'avoir à répondre de sa conduite devant les tribunaux. » Le résultat ne se fit pas longtemps attendre.

En pleine nuit glacée de décembre, la pauvre Thérésia est réveillée par de grands coups de crosse dans la porte de sa chambre à coucher. Ce sont les gendarmes qui viennent l'arrêter! On lui laisse à peine le temps de s'habiller, on la fait monter dans une grande voiture où attendent d'autres malheureux arrêtés comme elle. La voiture descend les Allées de Tourny et passe devant la place Nationale. Là, un atroce frisson de terreur s'empare de la prisonnière. Cette guillotine, dont les bras noirs se profilent lugubrement dans l'ombre va dévorer demain peut-être sa jeunesse et sa beauté! Mais la sinistre vision disparaît.

On descend au grand trot la rue de la Justice (rue Bouffard) et on s'arrête devant les épaisses murailles du fort du Hâ. Un moment après, Thérésia, toute tremblante d'angoisse et de froid, s'étend sur un matelas grossier, au fond d'une cellule humide et noire comme un tombeau.

Certes, le logement manquait de confortable, mais Thérésia a éprouvé le besoin d'en exagérer l'horreur dans les racontars fantaisistes qu'elle répandit, elle-même, sous le Directoire. Elle montrait alors nu sur la sandale dorée son adorable petit pied. Des bagues d'or et de brillants cerclaient la blancheur des orteils. C'était, disait-elle, pour dissimuler les morsures que les rats lui avaient faites dans son cachot du fort du Hâ. Il serait imprudent de se fier à la véracité de ce souvenir. Comment les rats ne se sont-ils attaqués qu'aux pieds de la belle captive? Pourquoi, mordue une première fois, n'a-t-elle pas pris ses précautions contre leurs atteintes? Et puis ces coups de dents avaient donc pénétré bien profondément, que la trace en restait visible après trois ans!

D'ailleurs, Thérésia en a raconté bien d'autres. A en croire le récit qu'elle détaillait complaisamment lorsqu'elle fut devenue princesse, son arrestation à Bordeaux avait été amenée par un acte d'héroïque dévouement. Un bâtiment anglais allait quitter le port, emmenant trois cents passagers qui fuyaient le tribunal révolutionnaire. Mais le capitaine refusait de lever l'ancre, si on ne lui versait immédiatement trois mille francs qui restaient dus sur le prix de la traversée. Thérésia apprend la détresse des malheureux émigrants. Comment! il ne faut que trois mille francs pour les sauver. Elle verse sur l'heure la somme exigée et emporte comme reçu la liste des passagers. Une indiscrétion du capitaine anglais divulgue ce beau trait. Thérésia est reconnue, menacée, malmenée par la populace. « La liste! La liste! » vocifère-t-on autour d'elle de toutes parts. Sans se laisser intimider, elle déchire la liste en petits morceaux, puis, prestement, les avale. La foule va l'écharper, lorsqu'arrive Tallien. Pour l'arracher à la fureur populaire, il la fait conduire en prison. Et le soir même, il accourt en personne la délivrer.

Le malheur, c'est qu'il n'y a pas un mot de vrai dans ce romanesque épisode. Mais il était dans la nature de Thérésia de se magnifier, de se faire une figure d'héroïne suivant l'idéal sublime et romain alors à la mode. Elle ne pouvait s'empêcher de dramatiser encore sa vie pourtant mouvementée à souhait. Il fallait qu'elle ajoutât à sa légende. Et puis, la grande dame qu'elle était devenue éprouvait l'impérieuse nécessité de jeter un voile de magnanimité sur un passé révolutionnaire devenu des plus compromettants.

Thérésia ne resta, d'ailleurs, que fort peu de temps en prison. Cette vision de la guillotine qui l'avait glacée d'un mortel frisson sur la place Nationale revint l'obséder à chaque heure du jour et de la nuit. Comment échapper à la destinée atroce et inéluctable! Si elle écrivait à Tallien? Son pouvoir est sans limite. Il l'a assurée de sa protection; il lui a fait une véritable cour; il l'aime peut-être... Vite, une plume, de l'encre! Et, d'une main fiévreuse, elle rédige une supplique pleine d'angoisse au galant proconsul. Deux heures après, un bruit de pas fait retentir les couloirs sonores. On s'arrête devant le cachot de Thérésia. La clef tourne... C'est lui ,c'est Tallien! Il apporte la parole de vie si anxieusement attendue, si ardemment espérée: la citoyenne Fontenay est libre!

Mais Tallien met une condition à sa clémence. Dans cet âme de fils de laquais, il n'y a pas de place pour une pensée noble, pour un sentiment désintéressé. Il pourrait faire le plus précieux des dons: il conclut un odieux marché. Ce corps admirable, ces formes harmonieuses qu'il conserve à la vie, il en réclame pour lui le complet abandon. Il faut que la ci-devant marquise devienne sa maîtresse.

Celle-ci a vingt ans. L'existence s'ouvre radieuse à sa jeunesse et à sa beauté. Elle a pris de son temps les mœurs faciles, la fondamentale immoralité. Jamais le don de sa personne ne lui a paru de bien considérable importance. Et puis, consciences, scrupules, différences sociales, tout croûle, tout s'abîme dans le bouleversement général. Thérésia n'hésite pas une seconde. Elle ouvre tout grands ses beaux bras à l'oppresseur amoureux qui a chassé loin de ses regards terrifiés le spectre hideux de l'échafaud.

Malgré sa légéreté et le bonheur qu'elle se sent à voir la lumière, ce n'est pas sans peine qu'elle parvient à dompter certaines répugnances, à mettre de côté son éducation, son passé, à faire litière de ses délicatesses et de ses raffinements. « Quand on traverse la tempête, écrira-t-elle plus tard, on ne choisit pas toujours sa planche de salut. » La planche était sous sa main, un peu grossière, un peu raboteuse, à vrai dire. Mais il importait de ne pas la laisser échapper. D'ailleurs, Tallien avait pour lui sa jeunesse, sa figure avenante et régulière, son empressement passionné. Le soir même, Thérésia alla loger dans cet hôtel de la place Nationale qui regardait de toutes ses fenêtres la lugubre boucherie des exécutions. Et l'ancien prote de Pankoucke se sentit inondé d'une joie immense, d'un orgueil démesuré, lorsqu'il referma son étreinte sur une de ces marquises hautaines qu'il poursuivait autrefois de ses désirs impuissants et haineux. Quelle revanche des années d'humiliation et de servage!

Tout de suite, Thérésia fit table rase de ses traditions. Jetant au vent les dernières cendres de son blason, elle se mit à jouer délibérément les déesses de la Liberté, les Grâces révolutionnaires. Presqu'au lendemain de sa libération, on la voit passer en calèche, le bonnet rouge en tête, à côté de Tallien, nonchalamment étendu sur les coussins. Un étalage fastueux l'accompagne. Il y a courrier par devant, courrier par derrière. A de certains jours, elle semble oublier le parfait bon goût des salons qui l'ont acclamée jadis, pour donner dans le ridicule des mascarades jacobines. Une voiture découverte la promène vêtue à l'antique, la chlamyde grecque drapant son galbe pur, une de ses mains tenant une pique, l'autre appuyée sur l'épaule de son amant. Elle épanche ainsi sans mesure sa soif de briller. Son besoin d'occuper l'opinion s'en donne à cœur joie. Elle ne rêve que parades, attitudes, manifestations théâtrales, cérémonies civiques, discours patriotiques. D'ailleurs, aucune conviction au fond. Elle s'agite, elle étonne, on l'admire, on l'acclame. Sa vanité et sa coquetterie sont seules en jeu et trouvent une ardente satisfaction à cette mise en scène. Tranchons le mot: elle est cabotine.

Dès les premiers jours de sa liaison avec Tallien, elle trouve une occasion particulièrement éclatante d'accaparer l'attention des bordelais. Le 29 décembre, ceux-ci apprennent la prise de Toulon. Tallien et Ysabeau voient tout de suite dans cette nouvelle un moyen de réchauffer l'enthousiasme patriotique et de se rendre populaires. Ils décident que la victoire sera célébrée, dès le lendemain, par une de ces fêtes civiques dans lesquelles la Révolution proclame avec une pompe niaisement emphatique le culte des nouveaux dieux. Le 30, à dix heures du matin, le canon tonne, les bâtiments de la rade se pavoisent de toutes leurs couleurs, des sonneries de clairon appellent aux armes la garde nationale. L'armée révolutionnaire se réunit en armes au Champ de Mars. Elle a peine à contenir la cohue énorme et trépidante qui se bouscule, s'interpelle, se communique son ardeur républicaine, autour d'un vaste espace resté vide. Un autel de la patrie en occupe le centre. Au bruit des fanfares, Tallien et Ysabeau escortés de toutes les autorités et des corps administratifs en montent solennellement les degrés. De sa voix au timbre sonore, le premier lit une adresse au peuple ainsi que le décret de la Convention relatif à « la victoire remportée par l'armée française sur les féroces Anglais et les perfides Toulonnais. » Puis les choristes du Grand-Théâtre, affublés de costumes allégoriques, entonnent l'*Hymne de la Liberté*. Toute l'assistance enivrée le reprend en chœur avec enthousiasme.

Thérésia se tient auprès de son amant, car les despotes du jacobinisme ont pris l'habitude d'étaler leurs intrigues amoureuses avec plus d'impudeur cynique que n'importe quel souverain. Elle est exquise dans un costume d'amazone en casimir gros bleu à boutons jaunes, à collet et parements de velours rouge. Sur ses magnifiques cheveux noirs bouclés autour de sa fine tête, elle porte, un peu de côté, un bonnet de velours écarlate bordé de fourrure. (1) Les propos de toutes sortes courent sur elle parmi les spectateurs éblouis d'une si parfaite beauté. Tout le monde la connaît déjà pour la maîtresse du représentant et on attend avec impatience le discours qu'elle doit prononcer tout à l'heure dans le Temple de la Raison.

A midi, le cortège prend le chemin de ce temple installé dans l'ancienne église des Récollets, Saint-Dominique. Dans les trois nefs de style jésuite décorées d'emblèmes révolutionnaires, une

(1) Duchesse d'Abrantès. — *Mémoires.*

foule impatiente attend curieusement que l'orateur en jupon prenne la parole. Les femmes sont venues en nombre, car le féminisme continue de régner dans la ville en folie. Toutes les *Amies de la Constitution* sont là et aussi les fougueuses Bradamantes du bataillon des femmes. Thérésia a pris place sur une estrade au milieu des représentants et des autorités. Elle se lève dans un murmure d'admiration. Puis, d'une voix d'abord émue, bientôt accentuée et sympathique, avec une gravité qui doit la surprendre elle-même, elle débite un discours de longueur suffisamment imposante sur l'*Éducation* (2).

L'éducation! qui aurait pu croire qu'elle se rencontrerait un jour avec *Emile!*

« Ce n'est qu'une esquisse rapide » a-t-elle assuré. Mais le ton n'en est pas moins d'une solennité boursouflée et pontifiante. Elle y ressasse tous les lieux communs de la phraséologie révolutionnaire, mêle l'idylle au dithyrambe, les tirades à la Rousseau aux souvenirs de l'antique grec et ro-

(2) *Discours sur l'éducation, par la citoyenne Thérésia Cabarrus-Fontenay, lu dans la séance tenue au temple de la Raison, à Bordeaux, le 1er décadi du mois de nivose, jour de la fête nationale célébrée à l'occason de la reprise de Toulon par les armées de la République.* Imprimé d'après la demande des citoyens réunis dans ce temple. Brochure de 8 pages (Bordeaux. J.-Baptiste Cazzava, imp. 1794).

main. Quel est l'auteur de ce pathos? Pas elle, assurément, car sa légèreté native, son instruction superficielle et toute portée vers le désir de charmer auraient épargné à l'auditoire bénévole d'aussi fastidieuses déclamations. Sans doute, quelque secrétaire de Tallien s'est-il estimé très heureux de fournir de pédantesques divagations ces lèvres rouges comme un fruit mûr plus faites pour chanter la volupté et le plaisir.

Quoiqu'il en soit, Thérésia obtint un véritable triomphe. Les hommes grisés par son regard de velours, les femmes entraînées par ce bel exemple d'action politique réclamèrent à grand renfort de bravos l'impression du discours. L'ex-marquise trouva, ce jour-là, qu'il y avait quelque charme à avoir associé son existence à celle d'un satrape du nouveau pouvoir.

Chapitre III.

Le Département des Grâces

L'hôtel de la place Nationale. — Ses hôtes. — Grossières lippées. — Le sanctuaire des Muses. — La lettre accusatrice. — Heureux effet d'un bijou. — Dévouement de Thérésia. — Son énergique intervention auprès de Lacombe en faveur d'Honoré Louvet. — Le comte de Paray. — L'Amour sans culotte. — Un souper à Bordeaux en 1794. — La Banque fallacieuse. — Arrivée de Marc-Antoine Jullien.

De tels triomphes chatouillaient délicieusement l'immense vanité de Thérésia. Mais elle souffrait de la vulgarité de Tallien, du milieu où il la faisait vivre, des fréquentations qu'il lui imposait. A une époque où tout, dans les mœurs, les habitudes, les idées, le langage séparait la société élégante du reste de l'humanité, on imagine difficilement ce qu'eut à supporter, parmi de grossiers sans-culottes et leurs dignes compagnes, cette femme qui avait vécu dans les sphères les plus raffinées et qui avait respiré l'encens des hommages les plus délicats. D'après le témoignage d'un témoin (1), on ne parlait que par

(1) Comte de Paroy. — *Mémoires.*

f... et par b... aux réceptions de l'hôtel de la place Nationale. Des membres des Comités, de la Commission militaire, des personnages influents des clubs, des comédiens, des tribuns de carrefour, des généraux d'émeute, des filles de la dernière extraction remplaçaient, par le plus étonnant contraste, ces causeurs aux manières exquises, à l'esprit éblouissant, ces coquettes aux grâces pleines de suavité qui avaient été l'honneur des derniers salons de la monarchie. Une eau bourbeuse et mal odorante succédait au flaçon d'essence de rose brisé.

Il y a là Ysabeau, pédant, épais, goinfre et ivrogne, aussi prétentieux que nul qui a voulu que, dans un ballet dansé au Grand-Théâtre, des bergers et des bergères formassent avec des guirlandes les mots: *Ysabeau, Liberté, Egalité.* Il y a Dartigoyte, figure blême aux yeux froids, qui a fait guillotiner les suspects à Auch sans le moindre jugement. Il y a Lemoal, mine longue et rusée, qui extorque, chaque jour, de grosses sommes aux négociants sous prétexte de contribution aux dépenses de la République. Il y a le large et gras visage de l'ancien instituteur Lacombe qui, par des promesses d'élargissement, a arraché à des accusés plus de 358.000 livres. Il y a le visage hébété d'alcool et la carmagnole souillée de taches du député Lequinio, personnage aussi ignoble que stupide qui fait journellement manger le bourreau à sa table (1) et qui demande qu'on fonde tous les monuments de bronze pour en faire de gros sous. On boit largement, on fait fine chère. Tandis que les campagnards des environs vivent de racines et que les habitants de Bordeaux n'ont pas tous les jours quatre onces de pain moisi, les proconsuls sont copieusement approvisionnés d'un superbe pain blanc dit *pain des représentants*. Ils dégustent les plus fameux crûs du Médoc, savourent les pièces les plus rares de viande, de volaille, de gibier. Tout est mis en réquisition pour eux. Un jour le citoyen Villers vient d'acheter un superbe turbot. Un membre du comité révolutionnaire l'arrête et lui dit: « Je t'ordonne de me remettre ce poisson pour les représentants du peuple. » Et Villers s'exécute sans sourcilier.

Au contact de Thérésia, Tallien affine un peu ses manières et ses goûts. Il est follement épris d'elle et contente tous les caprices qui ne cessent de germer sous ce front étroit et pur. Adroite, rusée, elle met tout en œuvre pour se conserver aussi ardente la tendresse du représentant. Elle va jusqu'à lui annoncer une grossesse qu'elle sait

(1) Taine. — *Origines de la France contemporaine*. — La Révolution III.

parfaitement imaginaire. Tallien croit tout, accorde tout: il est heureux. Comme elles sont douces, les heures qu'il passe dans ce boudoir aux riantes tapisseries allégoriques où sa belle maîtresse cherche un refuge contre les voisinages odieux, les promiscuités répugnantes! Elle tâche d'y tromper la solitude et l'ennui, en s'y essayant pêle-mêle, sans suite, sans but, aux nombreux arts d'agrément dont elle ne connaît que l'embryon. Aussi, suivant l'expression d'un témoin, croirait-on pénétrer « dans le sanctuaire des Muses réunies ». (1) Un piano-forte voisine avec un chevalet de peinture. Des cahiers de musique s'éparpillent sur un petit pupitre à faire la miniature. Une harpe dresse sa ligne dorée à côté d'un métier à broder. Une guitare, une palette d'ivoire, des pinceaux, des burins gisent sur les meubles. On dirait que Thérésia cherche à oublier le présent dans le décor d'autrefois.

Dans son isolement, dans sa situation fausse et dépendante, son esprit s'en va souvent vers le passé. Il se raccroche à des choses évanouies, à des relations interrompues, à des amours anciennes. C'est ainsi qu'elle s'est remise à écrire à Félix Lepelletier de Saint-Fargeau, à ce *Blondinet*

(1) Comte de Paroy. — *Mémoires*.

pour qui elle conserve un reste de tendresse. Elle lui envoie même son portrait en cachette, bravant la colère de Tallien dont l'amour est ombrageux et jaloux. Hélas! les membres du *Comité de surveillance* saisissent la réponse de Blondinet et la transmettent au proconsul. Elle est assez claire. Blême de fureur, Tallien se précipite dans le boudoir de Thérésia, en brandissant la lettre accusatrice. Il lui adresse les plus sanglants reproches, parle de la faire guillotiner sur l'heure. Sa rage est telle qu'il est pris d'un crachement de sang. Mais la jeune femme ne s'épouvante pas. Elle sait que, malgré ces explosions, le caractère de Tallien est faible et qu'elle arrive facilement à le dominer. Elle réplique avec calme, trouve des explications et finit par se faire rendre la malencontreuse épître. Puis, en femme qu'elle est, elle se lance dans une attaque à fond de train contre le *Comité de surveillance,* déclare qu'il n'a pas le sens commun, que la lettre de Saint-Fargeau ne veut rien dire, que sa saisie est un acte odieux. Elle charge si fort Peyrend Dherval et ses mouchards pour faire éclater son innocence, elle agit si habilement sur l'esprit de Tallien, qu'un revirement complet s'opère en lui. Il a déjà, ainsi que son collègue Ysabeau, de nombreux motifs de se plaindre du *Comité de surveillance.* Quelques heures après, ses membres sont arrêtés en masse. (1)

Cette influence sur la nature molle de Tallien, Thérésia l'exerce journellement de la façon la plus bienfaisante et la plus méritoire. La charité a touché de sa grâce cette âme frivole. La déesse de la Liberté au bonnet rouge et au verbe déclamatoire s'est mise avec un courageux dévouement au beau rôle d'ange de salut. Tout au plus, pourrait-on dire que ce rôle n'a pas été une vocation spontanée, mais le résultat d'un hasard propice. Une pensée de coquetterie en a marqué l'origine. La coquetterie n'est-elle pas toujours et partout dans la vie de Thérésia?

Depuis qu'il était à Bordeaux, Tallien trafiquait de tout, du change, des assignats et du numéraire, de la liberté de ses victimes, de leur vie même. Plus avide encore que sanguinaire, il supputait ce qui lui rapporterait le plus, du sang ou de l'argent. Pour lui, une sentence de mort était devenue un titre de contribution et l'échafaud une entreprise commerciale des plus lucratives. Dans cette officine de la vie et de la mort, les passeports constituaient un article de vente courante dont le tarif était fort élevé. Très désireuse de

(1) Comtesse de Laage de Volude —. *Souvenirs de l'Emigration.*

s'en procurer un, une grande dame jadis attachée à la princesse de Lamballe, la comtesse de Laage de Volude préféra s'adreser à Thérésia qu'elle savait serviable, accueillante et qui ne manquerait pas d'être heureuse de reprendre des relations avec quelqu'un de son monde. Elle la connaissait, d'ailleurs, un peu, l'ayant autrefois rencontrée dans une loge maçonnique.

Ce fut Frenelle, la femme de chambre de Thérésia, qui se chargea de parler de Mme de Laage à sa maîtresse. Cette Frenelle était une fine mouche doublée d'une fille de courage et de cœur. Elle faisait main basse sur les passeports en blanc qui traînaient parfois au fond des tiroirs de Tallien et les donnait aux malheureux suspects assez menacés pour n'espérer d'autre salut que la fuite. Connaissant l'empire des bijoux sur Thérésia, elle dit à Mme de Laage que celle-là mourait d'envie d'un antique monté en bandeau exposé dans une vitrine de la ville et pour lequel on demandait mille écus. Quelques jours après, la citoyenne Fontenay, ravie, essayait devant sa psyché l'effet de l'antique monté en bandeau et la comtesse avait son passeport. « Quelle folie vous avez faite! minaudait la belle jacobine auprès de l'aimable aristocrate. Il est tout à fait charmant. » (1)

(1) La comtesse de Laage de Volude put passer en Amérique, mais il lui arriva au départ une aventure singulière qiu donne bien l'dée de l'état d'affolement et des extraor-

Thérésia adorait la parure, mais elle avait l'âme bonne et compatissante. Elle éprouva une joie profonde d'avoir arraché une de ses semblables à la guillotine et se promit de recommencer. Dès lors, elle employa son charme, ses coquetteries, ses caresses auprès de Tallien à soustraire le plus de têtes possible au couperet. Dans cette administration des supplices et de la spoliation, elle se réserva le département des grâces. On l'a accusée de ne pas l'avoir fait d'une manière désintéressée. Le reproche est injuste. Si la frivole maîtresse du représentant accueillait avec des transports d'enfant les cadeaux qui lui venaient souvent de la reconnaissance de ceux qu'elle avait sauvés, elle suivait, avant tout, l'impulsion de son âme généreuse. Les Bordelais ne s'y sont pas trompés, en lui gardant une place émue dans leurs affections. Des contemporains ont proclamé la sincérité et l'efficacité de sa mission charita-

dinaires conditions d'existence où l'on vivait alors. Dans la hâte de ce départ qui était une fuite, elle croyait ses trois enfants embarqués quand, au moment de lever l'ancre, elle s'aperçut de l'absence de sa fille aînée, âgée de onze ans. Celle-ci avait été embarquée par erreur sur un bâtiment américain où elle ne connaissait personne. Elle aborda dans la Caroline du Sud, y fut adoptée par une riche famille, s'y maria, et ne revit sa mère qu'après la Restauration, en venant à Paris avec son mari. (*Souvenirs de la baronne du Montet*, p. 447).

ble. Le comte d'Allonville écrit: « Bordeaux eût dû lui élever une statue en reconnaissance des bienfaits qu'elle répandait sur tant de familles sauvées par elle de la hache révolutionnaire. » (1) Et le comte de Paroy déclare: « Les Bordelais devraient élever une statue de la Reconnaissance reproduisant ses traits. » (2). C'est sans doute l'odieux trafic de Tallien qui a pu faire suspecter la pureté de ses intentions. On doit même tenir pour certain qu'il accorda plus d'une fois la grâce à Thérésia en se faisant grassement payer, en sous-main, par ceux qui avaient la chance d'en bénéficier.

Sans doute, le rôle plaît à la vanité de la jeune femme. Il satisfait son goût de l'éclat et des hommages. Et puis, sœur de l'opprimé, maîtresse de de l'opprimé, elle est heureuse de se trouver une excuse en tendant à ce dernier une main secourable. Mais néanmoins, quel zèle et quelle persévérance dans l'intercession, quel courage et quelle fermeté parfois dans la revendication des existences qui lui ont été promises! Du jour où Thérésia apparaît dans la vie de Tallien jusqu'à celui où elle quitte Bordeaux, la statistique des exécutions va en décroissant rapidement, pour sau-

(1) Comte d'Allonville. — *Mémoires secrets.*
(2) Comte de Paroy. — *Mémoires.*

ter à un chiffre effrayant aussitôt après son départ. (1)

Les nobles traits abondent dans cette carrière charitable. La baronne de Lauvaret, coupable d'avoir un fils abbé, attend avec angoisse le moment de comparaître devant la Commission militaire. Elle écrit à Thérésia. Le lendemain, elle est libre. Son fils, prêtre non assermenté, voit annuler sa mise au ban. La fille de Mme de Genlis, la marquise de Valence est sauvée au mépris des colères les plus redoutables. Elle appellera plus tard Thérésia *Notre-Dame du Bon Secours*. Une autre marquise trouve durant trois semaines une cachette dans l'hôtel même de Tallien. C'est la citoyenne Fontenay qui va elle-même lui porter ses repas et tout ce qui lui est nécessaire. Elle s'exalte à ce rôle de libératrice, se compare en elle-même aux héroïnes antiques qui ont dompté les proscripteurs, se grise d'orgueil à l'idée qu'elle domine un homme qui fait tout trembler. Sa parure favorite est un simple médaillon renfermant les cheveux de toute une famille qui lui doit la vie et ne l'a pas oubliée.

Parfois, il lui faut une forte dose d'énergie et de vaillance. Il y a du caractère, à l'occasion, dans cette tête capricieuse qui ne semble faite que pour

(1) Joseph Turquan. — *La citoyenne Tallien.*

le sourire. Un mandat d'arrestation avait été lancé contre un riche négociant de Bordeaux du nom d'Honoré Louvet que Thérésia avait connu jadis à Rouen et qui s'était fortement compromis lors de l'expulsion des représentants Ysabeau et Baudot par la population bordelaise. Il dut se cacher. Un soir, il a l'imprudence de quitter son refuge où il périt d'ennui. Il va chercher une récréation furtive auprès des beaux yeux de Thérésia. Il lui conte les angoisses au milieu desquelles il vit, lorsqu'un *officieux* (1) annonce le terrible Lacombe. En un clin d'œil, sans perdre son sang-froid, la jeune femme fait entrer le malheureux négociant dans un cabinet de toilette. Puis elle accueille le président de la Commission militaire avec ce sourire radieux dont il subit, comme tant d'autres, l'irrésistible attrait. La conversation s'engage, frivole, galante. Puis, profitant d'un de ses tournants, la citoyenne Fontenay se mit à parler de Louvet, déclare qu'elle le connaît depuis longtemps, se porte garante de son patriotisme et réclame pour lui l'indulgence de Lacombe, s'il vient à être arrêté et conduit à son tribunal. L'ancien instituteur réplique que la fuite de l'accusé lui rend cette indulgence presque impossible

(1) Nom donné aux domestiques, sous la Révolution.

Mais Thérésia joue si bien de sa grâce et de sa séduction, elle entoure le rustre flatté d'un tel réseau de chatteries qu'il s'engage à sauver la tête de Louvet, si celui-ci se constitue prisonnier.

Une fois sorti le dangereux visiteur, le négociant quitte son abri et remercie avec toute la chaleur possible celle qui vient de plaider sa cause avec tant d'insistance. Quelque temps après, las de la vie morne et précaire qu'il menait dans sa retraite forcée, il alla se constituer prisonnier. On ne fut pas longtemps à le traduire devant la Commission militaire. A la tournure que prirent les débats, il vit de suite que sa tête courait les plus grands dangers. De l'audience même, il adressa un pressant billet à Thérésia: « Si vous m'abandonnez, je suis perdu. »

La jeune femme accourt aussitôt au tribunal. Elle entre dans le cabinet de Lacombe, lui fait dire de venir lui parler immédiatement. Le farouche président répond qu'il n'est pas libre: les juges sont en train de délibérer sur le sort de l'accusé. Mais, impérieusement, énergiquement, la protectrice de Louvet réitère sa demande. Lacombe arrive enfin.

— Tu n'as pas oublié ta promesse, lui dit-elle. En tout cas, je viens te la rappeler. Il faut que tu sauves Louvet.

— Citoyenne, les charges qui pèesnt sur lui sont accablantes. Je ne sais si je pourrai...

— Il le faut. Tu as promis de le sauver, sauve-le.

Puis elle ajouta d'une voix sourde et menaçante:

— Je te préviens que ta tête me répond de la sienne.

Lacombe rentre à l'audience. On vote. Il y a deux voix pour la mort, deux pour l'amende. La voix du président fait pencher la balance en faveur de Louvet. Thérésia quitte le tribunal toute heureuse. Encore un d'arraché à la faucheuse de la place Nationale! (1)

Tout Bordeaux connaît bientôt l'heureuse influence de la citoyenne Fontenay sur Tallien et la mission de charité à laquelle elle s'est vouée. Le récit de ses œuvres de salut court de bouche en bouche. On chante ses louanges avec un enthousiasme ému et reconnaissant. Tous les persécutés, tous les captifs tendent leurs bras vers elle. Elle est entourée de demandes, de prières, d'implorations. Les placets et les pétitions lui arrivent comme jadis aux princesses et aux grandes dames. A l'heure de son lever, son antichambre fourmille de solliciteurs. L'espoir de sauver les siens lui fait des courtisans.

(1) Récit recueilli par M. A. de Vivie de la bouche du fils de Louvet. (Joseph Turquan. — *La citoyenne Tallien.*

Un jeune gentilhomme que les vicissitudes de l'époque avaient fait échouer à Bordeaux, le comte de Paroy, se tourmentait fort du sort de son père, ancien constituant emprisonné comme suspect à la Réole. Il avait connu à Paris, chez le comte Bertin, Mlle de Cabarrus petite fille à peine débarquée d'Espagne. N'était-ce pas l'occasion de renouveler connaissance? Comme beaucoup de gens de qualité, le comte de Paroy avait étudié en amateur mondain les arts du dessin. Il possédait, en particulier, un véritable talent dans la gravure au lavis alors fort à la mode. Il en fit parvenir une à la belle amie du proconsul par un ancien domestique de Mme Vigée-Lebrun passé au service de Mme de Fontenay. Le sujet représentait un amour portant une pique surmontée d'un bonnet phrygien et tenant, de l'autre main, un cœur d'aplomb sur un niveau posé sur un autel.

Au bas, ce distique:

> Quand l'amour en bonnet se trouve sans culotte,
> La liberté lui plaît, il en fait sa marotte.

Une pétition accompagnait l'envoi, expliquant que le petit amour sans culotte était l'avocat d'un fils désespéré de l'incarcération de son père. Thérésia fit le meilleur accueil à l'œuvrette grivoise. et envoya dire au citoyen Paroy qu'elle l'attendait Un instant après, il était introduit dans ce boudoir si étrangement voué aux arts d'agrément en ces temps de terreur. Il fut frappé du pittoresque pêle-mêle de la guitare, des pinceaux, du métier à broder, des burins, de tout cet attirail hétéroclite dont la maîtresse de Tallien entourait son désœuvrement. Quelle occasion pour un compliment!

« Madame, dit-il en s'inclinant, vos talents sont universels, à en juger par ce que je vois. Mais je sais que votre bonté égale les agréments de votre personne. »

Impossible de flatter plus adroitement Thérésia, avec sa soif ardente de briller en tout, son ambition d'être une muse universelle. Elle eut plaisir à se rappeler son visiteur et lui promit d'employer tout son pouvoir à obtenir de Tallien la sortie de prison de son père. Quelques jours après, le comte de Paroy, fort bien reçu par le représentant, se mettait à graver son portrait et celui de sa maîtresse. Malheureusement, Tallien partit à Paris, sans avoir pu faire élargir l'ancien membre de la Constituante. Désolée du contre-temps, Thérésia présenta le jeune comte à Ysabeau. Un souper réunit, d'une manière imprévue, le jeune aristocrate et l'enragé jacobin.

Oh! ce souper! Au milieu d'un entourage débraillé de députés en mission et de membres des Comités qui se versent force rasades et jurent comme des pandours, Thérésia trône, souriante, radieuse de beauté. Le comte de Paroy se sent atrocement gêné par le voisinage des carmagnoles graisseuses et par les propos insultants et cyniques qui traversent la table, à l'adresse de la famille royale et des nobles. Il y a là cet horrible Léquinio qui se plaît à dîner avec le bourreau. Le voilà qui se lève, verre en main :

— Allons, s'écrie-t-il, buvons à la santé des braves républicains qui ont voté la mort du tyran !

Le comte de Paroy se sent frémir. Ses poings se crispent rageusement, avec une terrible envie de faire rentrer l'outrage dans la bouche de l'insulteur. Pour se donner une contenance et éluder la santé odieuse, il se tourne vers la citoyenne Fontenay à côté de qui il est placé.

— J'aurais bien plus de plaisir, lui dit-il, étant à côté de vous, de boire à votre santé.

— Bois donc et passe la bouteille, grogne Lequinio.

Mais un soupçon vient de germer dans son épaisse cervelle de brute. Depuis quelques secondes, il observe sur le visage du comte de Paroy les sentiments qui s'y reflètent invinciblement. Ce convive lui semble faire tache au milieu de ces agapes jacobines. Il le déclare tout net :

— Le citoyen qui tient la bouteille est sûrement un aristocrate. Je m'y connais et vous le dénonce. J'en découvris un à Saintes qui s'était glissé parmi nous ; le lendemain, je le fis arrêter et guillotiner de suite. Il faut en faire autant de celui-ci.

Le malheureux gentilhomme se sent pâlir. Il se voit déjà montant dans la fatale charrette. Heureusement Thérésia intervient avec son aimable enjouement. A quoi pense donc le citoyen Lequinio? Elle répond des sincères sentiments révolutionnaires du citoyen Paroy. Pour faire dévier à propos la conversation, elle signale à l'admiration des convives la jolie bague que le comte porte au doigt. Sur la pierre qui l'orne se détache une gracieuse figure de l'Amour. Ah! l'Amour, puissance délicieuse, source éternelle de vie! C'est à qui se récriera avec le plus de ferveur et d'enthousiasme parmi ces faiseurs de phrases creuses tous vaguement imprégnés du naturisme à la mode et, d'ailleurs, fortement sensibilisés par le vin. La bague circule de main en main, on la contemple avec des regards émus, on la porte à ses lèvres avec élan. Cupidon reçoit ainsi plus de vingt baisers de ces farouches guillotineurs. Et le comte de Paroy s'amuse intérieurement de toutes ses forces. Car ce Cupidon est subversif au premier chef. Il a les traits de l'enfant royal actuellement détenu au Temple. C'est une image fidèle du dauphin Louis XVII!

Durant le cours du souper, Ysabeau avait écouté favorablement la requête du jeune gentilhomme. Stimulé par le zèle infatigable de Thérésia, il lui promit de prendre en main la cause de son père et tint parole. C'est à son intervention que le marquis de Paroy dut sa sortie de prison. Il était temps. Sur trente-quatre détenus, il restait le sixième. (1)

Ainsi le bon cœur de la citoyenne Fontenay s'exerçait inlassablement à la mission de rachat et de protection qu'il s'était donnée.

Le département des grâces s'étendait à tout ce qui souffrait. Un jour, elle sauve tout un lot d'existences. Le lendemain, elle intervient auprès de Tallien au nom d'une commune affamée qui réclame des subsistances. Une autre fois, elle fait mettre en liberté un corps d'officiers municipaux au grand complet. Toujours éprise de plaisirs, il lui arrive de jouer les Mécènes et de faire obtenir à Lemayeur une autorisation de spectacles. « J'ai éte témoin de tout le bien qu'elle a fait, dit d'elle un contemporain. Je l'ai vue tourmentée de tout celui qu'elle ne pouvait faire. » (1) Elle est fière de son œuvre. Un jour elle dit à Mme de Laage de Volude:

— Vous autres, femmes à sentiments et à grands principes, vous avez bien mauvaise opinion de moi. Moi je soutiendrai et je prouverai,

(1) Comte de Paroy. — *Mémoires*. — Comte Dufort de Cheverny. — *Mémoires*.

(1) Comte de Paroy. — *Mémoires*.

quand on voudra, que j'ai fait beaucoup plus de bien que vous, car, depuis quelques mois, je ne me suis pas couchée sans avoir sauvé la vie de quelqu'un, tandis que vous autres, avec tout votre royalisme et tout votre sentiment romanesque, je vous prierai de me dire à quoi vous êtes utiles?

Son zèle charitable lui apparaît donc comme une absolution. Rien de plus juste. On doit beaucoup pardonner à Thérésia, parce qu'elle s'est beaucoup dévouée. Son cœur vaillant et généreux a acquitté la rançon de son inconduite. Aussi son souvenir demeure-t-il, surtout dans la mémoire des Bordelais, comme auréolé de grâce bienfaisante et d'une beauté d'autant plus radieuse qu'elle s'est mise au service de la bonté. Cette fleur ardente éclose dans la boue du jacobinisme gardera son suave parfum à travers l'histoire et son pouvoir sauveur lui méritera une place dans le jardin ensoleillé des légendes.

Mais l'apostolat de Thérésia va rencontrer de sérieuses entraves. Des nuages s'amoncellent au-dessus de sa jolie tête. A une soirée chez elle, le général Brune lui présenta un jeune homme de dix neuf ans aux yeux limpides, à la mine fraîche et rose comme celle d'un enfant. C'était un agent du Comité du Salut Public qui venait d'arriver à Bordeaux. Il s'appelait Marc-Antoine Jullien et était fils du conventionnel Jullien (de Toulouse.) Tout le monde ne l'appela bientôt que *le petit Jullien*. Son langage n'était pas moins fleuri que son teint. Il parlait comme un berger de Florian. Les amours, les grâces, les roses revenaient sans cesse dans sa bouche éternellement souriante. La citoyenne Fontenay fit l'accueil le plus empressé à un aussi avenant jouvenceau. Si elle avait su!

Il lui apportait la persécution, la captivité, les pires angoisses.

CHAPITRE IV.

A la Petite Force

Vie luxueuse des représentants. — Tallien dénoncé va se justifier à Paris. — Jean Guéry. — Correspondance du « petit » Jullien avec Robespierre. — Tallien à la tribune. — Pétition adressée par Thérésia à la Convention. — Ses tentatives auprès de Jullien. — Elle quitte précipitamment Bordeaux. — Le relai de la chaussée Saint-Victor. — Paris en 1794. — Arrestation et interrogatoire de Thérésia. — La prison de la Petite Force. — Angoisses de Tallien. — Conjuration contre Robespierre. — La mort imminente. — Journée du 9 thermidor. — Sauvée ! — Une rencontre.

Une accalmie s'était faite à Bordeaux. Grâce aux suggestions de sa maîtresse, le joug que Tallien faisait peser sur la ville s'était sensiblement adouci. Ses trafics et ses concussions aidant, la « coupeuse de têtes » avait maintenant des moments de chômage. Les amendes elles-mêmes diminuaient de nombre. Le représentant de la Convention en arriva à passer auprès des habitants pour une sorte de protecteur de la ville et à s'acquérir une apparence de popularité. Sur le passage de sa voiture, des voix crient: « Vive le sauveur de Bordeaux, notre ami, notre père! » Il n'a rien diminué de son luxe et son collègue Ysabeau mène une existence plus fastueuse encore. Ils ont, l'un et l'autre, de magnifiques équipages et des chevaux de grands prix provenant du train de familles nobles dépossédées. Une escorte nombreuse de gendarmes caracole autour d'eux, jusque dans les parties de campagne. Cet appareil de la toute puissance enivre l'amant de Thérésia et tourne complètement la faible tête d'Ysabeau. Ce dernier se laisse appeler « grand homme » par ses courtisans, répand son portrait par la ville et daigne sourire à un artiste qui a écrit sous une gravure de circonstance: *Evénement arrivé sous Ysabeau, représentant du peuple.* (1)

Mais si quelques-uns acclamaient Tallien par flagornerie ou par crainte d'un mal pire, d'autres murmuraient contre lui et l'accusaient dans l'ombre. Son luxe, son modérantisme de fraîche date, ses convoitises perpétuellement en conflit avec d'autres convoitises lui avaient fait beaucoup d'ennemis. Les membres de l'ancien *Comité de surveillance* s'étaient juré de lui faire payer leur incarcération. Peyrend Dherval l'avait dénoncé à Paris avant même de mettre sous ses yeux la lettre de Lepelletier de Saint-Fargeau à Thérésia. Des amis du *Comité* faisaient pleuvoir au pavil-

(1) *Taine. — Origines de la France contemporaine. — La Révolution III.*

lon de Flore les lettres accusatrices. Prévenu, Tallien s'inquiéta. Il importait de se disculper au plus vite. Il résolut de se rendre auprès du Comité de Salut public pour y affirmer l'énergie de ses sentiments révolutionnaires et donner l'assurance éclatante de son incorruptibilité. Thérésia, elle, resterait à Bordeaux, l'absence de son amant devant être de courte durée.

La jeune femme n'insista pas, heureuse, au fond d'elle-même, de ces quelques jours de séparation. Enfin! elle allait donc pouvoir vivre un peu hors de la promiscuité de ces Lacombe, de ces Lequinio, de toute cette séquelle qui puait le vin et le sang. Et puis, elle n'arrivait pas à aimer ce Tallien cupide et vil dont l'affection ardente ne lui faisait pas oublier l'humiliant marché qui en avait marqué l'origine. D'ailleurs, cette affection agenouillée, servile, esclave, n'était pas de celles qui plaisent à des femmes du caractère de Thérésia. Le proconsul partit pour Paris, le 22 février 1794, en laissant à sa maîtresse un paquet de ses cheveux. Elles les déploya en présence de Mme de Laage de Volude qui, en compagnie d'un autre émigré de l'intérieur, passait la soirée chez elle. Elle lui avoua que ce n'était pas la passion qui l'attachait à Tallien, mais une sorte de devoir. « Car c'est à moi, disait-elle, qu'il doit les dangers auxquels il est exposé. » La phrase était sincère. Avec toute sa légèreté, le cœur de Thérésia avait de merveilleuses ressources de bonté. En vain, au cours de l'absence du représentant, la comtesse de Laage chercha à la détourner d'une liaison qu'elle déclarait odieuse et indigne d'une femme de son rang. Sur le point de se laisser entraîner, l'ancienne marquise se reprenait, en disant: « Non, je ne l'abandonnerai pas, je ne puis l'abandonner! » Et elle ajoutait qu'elle comptait aller bientôt à Paris et que si Tallien triomphait de ses ennemis et conservait du pouvoir, elle rendrait plus efficace encore sa protection à la comtesse et à ses amis. (1)

En attendant, elle passe le temps agréablement, donnant à souper chez elle, promenant par la ville des toilettes tapageuses et des chapeaux exquisement fanfreluchés, dépensant son besoin de plaire, minaudant, coquetant, flirtant, faisant pis peut-être. A un moment même, elle éprouve le besoin de s'occuper d'affaires commerciales et conclut une association pour l'exploitation du salpêtre avec un adolescent d'une quinzaine d'années du nom de Jean Guéry. Celui-ci la suit partout, réduit sans doute au rôle de sigisbée, car on peut espérer que la dépravation de Thérésia n'a pas été

(1) Comtesse de Laage de Volude. — *Souvenirs de l'Emigration.*

jusqu'à lui faire prendre un amant de cet âge. Mais tous les hommages l'enchantent, l'enivrent et elle se complait dans l'adoration fervente et naïve de cet enfant comme une reine dans celle d'un page précocement amoureux.

Ce fut peu de temps après, à la fin du mois de mars, que Marc-Antoine Jullien fit son apparition à Bordeaux. Malgré ses dix-neuf ans et son masque puéril et tendre, il arrivait comme l'homme de confiance de Robespierre. Très jeunes eux-mêmes, les hommes de la Révolution se sont vus obligés d'en employer de plus jeunes encore pour exercer sur eux le prestige de l'âge et les avoir plus facilement à leur discrétion. L'arrivée du *petit Jullien* était une réponse aux lettres de dénonciation reçues au pavillon de Flore. Il avait pour mission de surveiller étroitement les agissements d'Ysabeau et de Tallien, d'enquêter minutieusement à leur sujet et de rendre compte au Comité de Salut public de tout ce qu'il apprendrait. Il s'acquitta de ce devoir avec une âpreté féroce, accumulant les accusations, vouant tout le monde à la mort, invoquant sans cesse le salutaire concours de la guillotine. Rien n'est plus dangereux qu'un enfant vaniteux et cruel abandonné à ses instincts. Le petit Jullien se montra le plus farouche des sectaires. Deux mois après son arrivée à Bordeaux, il écrivait à son ami Robespierre:

« Bordeaux semble avoir été jusqu'à présent un labyrinthe d'intrigues et de gaspillages. Il est bien difficile de démêler le républicanisme et la probité. Je fais tout seul tout le travail d'un comité de surveillance et passe la nuit avec des hommes précieux que j'ai découverts, mais que j'étudie encore pour avoir des renseignements dont le résultat sera d'arracher Bordeaux à la classe des fripons qui en font leur proie et rendre le peuple à l'amour sincère des vertus et de la République. » (1)

D'autres lettres révèlent les trafics de Tallien, son luxe « asiatique », ses airs « d'intendant d'ancien régime. » Son modérantisme est particulièrement pris à partie. Thérésia en est dénoncée comme l'inspiratrice. Jullien la présente comme une dangereuse enchanteresse qui enlève au représentant tout courage, toute indépendance, toute pureté de sentiments républicains. La Convention peut-elle souffrir d'être représentée plus longtemps par l'esclave d'une femme? La correspondance furibonde du jeune émissaire de Robespierre s'émaille, d'ailleurs, ça et là, de boutades joyeuses, de fleurs de rhétorique, de projets idylliques et galants. Il plaisante agréablement sur la guillotine, esquisse le programme d'une fête

(1) Lettre du 11 prairial an II (30 mai 1794).

pour la plantation d'un arbre de Marat et annonce qu'il occupe ses loisirs à la composition d'un petit délassement patriotique à l'usage des femmes intitulé: *Les Engagements des citoyennes.*

Mais c'est surtout Thérésia qu'il poursuit de ses dénonciations et de ses colères. Il a voué, dès l'abord, à la jeune femme une haine frénétique. Cela ne l'empêche pas de lui faire riante mine, de lui tourner des madrigaux, de danser avec elle la danse à la mode: *la Monaco.* Il lui fait même la cour et prend avantage avec fatuité de ces sourires, de ces œillades provocantes, dont la coquette n'est point avare. Elle ne se doute de rien et s'abandonne toute au plaisir. Mais les lettres de Tallien viennent bientôt jeter l'alarme dans ce cœur frivole. Les choses ne se passent pas à Paris comme le représentant l'espérait. Il se sent entouré d'inimitiés et de périls. Il faut que le couple se tienne sur ses gardes.

Dès les premiers jours de son retour dans la capitale, le proconsul suspect s'est rendu auprès de Robespierre dans cette fameuse maison Duplay sise rue Saint-Honoré vers laquelle convergent tous les purs espoirs jacobins. Mais l'*Incorruptible* lui a fait un accueil glacial. Il méprise Tallien. Il pense qu'on ne peut attendre l'exercice des vertus républicaines d'un jouisseur toujours prêt à tomber à genoux devant un jupon ou un sac d'écus. Dans les milieux politiques, l'amant de Thérésia a rencontré les mêmes défiances. Il n'a pu arriver à se faire entendre du Comité de Salut public. (1) Le 12 mars, il s'est décidé à aller au-devant des accusations, en prononçant un grand discours à la Tribune de la Convention. Il y a fait l'apologie de sa conduite et de celle d'Ysabeau, déclarant qu'ils avaient été entourés des calomnies les plus atroces et qu'ils étaient victimes de perfides intrigants. « Je suis bien loin de redouter l'examen, s'est-il écrié en finissant. Je le provoque, au contraire. J'attends avec impatience le moment où je pourrai faire à vos Comités le rapport de toutes nos opérations, et ils seront, comme vous, étonnés des immenses travaux auxquels nous nous sommes livrés avec une infatigable activité. »

Ce superbe aplomb impressionne sans doute la majorité de l'Assemblée, car, dix jours après, elle élit Tallien pour son président. Suivant le règlement, il garda le fauteuil présidentiel pendant quinze jours. Ce fut à la fin de cette période que tombèrent les têtes de Danton et de Camille Desmoulins. Les haines de Robespierre se satisfaisaient sans entraves. Son programme s'exécutait

(1) *Lettre de Tallien à Ysabeau*, 3 mars. — Archives de la Gironde, série L.

d'une manière effroyablement menaçante pour tout le monde. Tallien crut opportun de remonter à la tribune et de couvrir de fleurs, en quelques phrases vides et sonores, la tête poudrée de l'*Incorruptible* et toute la Montagne avec lui. Vaine flagornerie! A quelques jours de là, Tallien ayant, par lâche politique, prononcé un discours d'une extrême violence contre les aristocrates et les modérés, Robespierre resta froid et s'opposa de toutes ses forces à l'impression du discours demandée par quelques alliés de l'orateur.

Telles étaient les mauvaises nouvelles que Thérésia recevait de son amant. Il l'instruisait en même temps des médisances qui couraient sur elle, des reproches et des méfiances qu'il recueillait à son sujet: on la donnait comme une aristocrate coquette, frivole, dépensière, indigne d'un représentant du peuple. Il fallait faire taire au plus vite ces bruits dangereux. La belle coquette se désintéressa, pour un jour, de ses parures nouvellement achetées et des derniers rubans de ses bonnets pour frapper un grand coup qui mît son civisme au-dessus de tout soupçon. Pourquoi ne recommencerait-elle pas sa manifestation oratoire de l'église des Récollets qui lui avait valu tant de faveur à Bordeaux?

Presque chaque jour, on lisait à la barre de la Convention des pétitions émanant de citoyens et de citoyennes le plus souvent obscurs et traitant des questions les plus diverses. C'était une conséquence de ce fâcheux goût de la harangue et de la déclamation qui sévissait alors aussi bien dans les masses que dans le gouvernement. La plupart du temps, ces pétitions n'étaient qu'un fatras intempestif et saugrenu. Il fut convenu entre Tallien et Thérésia qu'elle en ferait parvenir une à la Convention. Les devoirs des femmes envers les malheureux et les souffrants fournissaient une matière à développement suffisamment dans l'esprit du jour. Un ami complaisant, peut-être Tallien lui-même, élabora sur ce sujet quelques pages indigestes que Thérésia copia, signa et adressa au président de l'assemblée, Robert Lindet.

Solennelle et grandiloquente ainsi qu'il convient, la pétition de Thérésia est en même temps d'une jolie ironie. La belle pécheresse y parle d'une manière inattendue de « la morale qui est plus que jamais à l'ordre du jour », de « la pudeur et de son heureuse influence. » S'il y avait, ce jour-là, à la séance de la Convention, quelque auditeur un peu au courant du passé de la pétitionnaire, il dut avoir beaucoup de peine à garder son sérieux, en l'entendant déclarer avec assurance par la voix du lecteur officiel : « Qui peut enseigner la pudeur, si ce n'est la voix d'une femme? Qui peut la persuader, si ce n'est son exemple? » L'idée fondamentale de ce factum était que les femmes portaient en elles un pouvoir inépuisable de consolation, qu'elles étaient des gardes-malades nées et qu'il importait d'envoyer les jeunes filles faire leur apprentissage de la vie « dans les asiles de la pauvreté et de la douleur », c'est-à-dire dans les hôpitaux. Qu'eût dit la jolie et légère Mlle de Cabarrus, quelques années auparavant, si on l'avait longtemps soumise à cet austère régime?

La pétition de Thérésia n'obtint pas grand retentissement au sein de l'Assemblée. Celle-ci commençait à se blaser sur ce genre de communications. Et puis elle ne se méprit pas sur le sens de la démarche tentée par la maîtresse de son ancien représentant à Bordeaux. La vertueuse harangue fut renvoyée aux Comités d'Instruction et de Salut public. La situation morale de la séduisante pétitionnaire, sa sécurité n'en furent pas mieux assurées. Le petit Jullien dans ses lettres mêlées de fiel et de miel la présentait de plus en plus comme l'inspiratrice néfaste de Tallien, la dominatrice redoutable entre les mains de laquelle le représentant n'était plus qu'un jouet ridicule. Devant l'inutilité des efforts de son amant, devant ses confidences alarmantes, prévenue aussi par son instinct de femme, la citoyenne Fontenay comprit qu'un cercle menaçant était en train de se former autour d'elle et qu'elle ne manquerait pas de s'y voir enfermée, si, comme elle l'avait déjà fait, elle n'assurait elle-même, par n'importe quel moyen, son salut. L'angoisse troubla sa tête prompte à tourner. Elle se demanda s'il ne serait pas prudent de quitter Tallien et de chercher asile auprès de ses ennemis.

Par une étrange aberration, elle songea à se mettre sous l'égide de cet intraitable petit Jullien qui réclamait tous les jours pour elle le cachot et la guillotine. La peur de retomber dans ses terreurs du fort du Hâ lui fit faire des avances non déguisées au jeune séide de Robespierre. Nourri des plus purs principes de son modèle, celui-ci resta de glace devant les manèges de la sirène. Avec une insouciance totale de la plus élémentaire délicatesse, il envoya au Comité de Sûreté générale une lettre dans laquelle elle l'invitait à passer dans l'Amérique septentrionale avec elle, « parce qu'elle voulait fuir ce Tallien couvert de crimes qui l'avait compromise. » Elle lui offrait de partager avec lui sa fortune plus que suffisante pour eux deux. (1) Pauvre Thérésia affolée par le fantôme de la mort! Où étaient les belles affirmations faites si énergiquement à la comtesse

(1) Sénar. — *Mémoires*.

de Laage, quelques jours auparavant? Un vent d'épouvante avait soufflé sur la promesse qu'elle s'était faite de ne jamais abandonner Tallien.

Mais le petit Jullien ne daigne pas répondre. Thérésia s'inquiète. Sa tentative lui apparaît grosse de périls. Ce Jullien insensible et dur va la trahir, la livrer à la Commission militaire, au bourreau... Il faut le fuir au plus vite, quitter cette ville de Bordeaux qui s'est d'abord montrée si enthousiaste de la maîtresse du représentant et qui ne lui offre plus maintenant que pièges et suspicion. Mais où aller? Avec cette inconséquence changeante, qui fait le fond de sa nature, Thérésia se décide à chercher protection auprès de Tallien dont le séjour à Paris se prolonge. Sa pauvre cervelle ballotée, désemparée, chancelante ne trouve pas d'autre refuge. D'ailleurs, il ne lui est plus possible de résider à Bordeaux. Une loi toute récente des 27-28 germinal an II (16-17 avril 1794), interdit aux ci-devant nobles le séjour des villes frontières et maritimes et Ysabeau vient de la prévenir qu'il ne peut plus la dispenser de l'application de la loi.

Mais est-il prudent de se rendre directement à Paris? Un certain Taschereau-Fargues, homme de confiance du Comité de Salut public et personnage peu recommandable, a informé un ami de Thérésia qu'il se tramait quelque chose contre elle. Il engage la jeune femme à s'arrêter quelque temps dans une ville des bords de la Loire. La surveillance révolutionnaire y est moins active. Dans l'état de confusion et d'angoisse où se trouve l'esprit de la pauvre femme, elle est prête à suivre n'importe quel conseil. En hâte, elle court au Comité de surveillance demander un ordre de passe pour quitter Bordeaux. Il lui en est délivré un à la date du 15 floréal an II (4 mai 1794). A la demande de l'émigrante, il indique Orléans comme lieu de résidence. (1) Comme ça, Jullien ne pourra pas connaître son intention de se rendre un peu plus tard auprès de son amant.

Le 6 mai, Thérésia adressait ses adieux à cette ville de Bordeaux qui avait assisté à son étrange

(1) Voici cet ordre de passe :

« Délivré à la citoyenne Thérésia Cabarrus-Fontenay, épouse divorcée Fontenay, âgée de vingt ans, ayant joui ci-devant des privilèges de noblesse, native de Madrid, en France depuis quatorze ans, domiciliée à Bordeaux, cours de Tourny, laquelle nous a déclaré aller dans la commune d'Orléans, où elle déclare vouloir se retirer conformément à la loi des 27 et 28 germinal dernier.

« Signalement :

« Taille cinq pieds deux pouces, visage blanc et joli, cheveux noirs, front bien fait, sourcils clairs, yeux bruns, nez bien fait, bouche petite, menton rond.

« Fait en séance, le 15 floréal an II.

(*Archives de la Gironde*, série L. 2170. Registre des ordres de passe, p. 135).

métamorphose jacobine et aux élans généreux de sa mission de charité. Dans sa hâte de fuir, elle n'avait fait charger qu'un maigre bagage sur la diligence qui l'emmenait. Elle laissait derrière elle presque toutes ses innombrables toilettes, son luxueux mobilier, son cabriolet, sa guitare, tout l'attirail d'arts multiples qui encombraient son boudoir. (1) Dans cette jolie tête optimiste et imprévoyante, il y avait une arrière-pensée de prompt retour. C'est sans doute pour cela que la jeune femme laissait son fils dans un hôtel garni, aux soins de son fidèle domestique Joseph. D'ailleurs, elle partait dans une situation pécuniaire des plus précaires qui l'obligeait à surveiller de très près ses dépenses. Elle emmenait avec elle la dévouée et vaillante servante Frenelle. Son jeune associé dans l'affaire de salpêtre, Jean Guéry, était aussi du voyage. Thérèse ne pouvait se passer d'hommages même en diligence et, comme elle craignait de s'ennuyer beaucoup à Orléans, elle se ménageait une distraction dans la cour discrète et ardente de l'adolescent.

Le chemin se déroula sans incident notoire. Le jeune femme se sentait toute heureuse de fuir le

(1) Lettre de Thérésia à Constance Nairac, publiée par M. Marcellin Pillet, ancien député. (*Variétés révolutionnaires.*)

terrible Jullien et les dangers dont on l'avait avertie. Guéry s'empressait avec un zèle passionné, à servir la dame de ses pensées. Aux environs de Blois, se passa une scène que l'avenir devait rendre piquante. Il y avait un relai au bourg de la Chaussée-Saint-Victor. Quittant un instant la diligence, Thérésia s'était assise sur la branche transversale d'une croix à hauteur d'homme qui se dressait au rebord du chemin. Un jeune homme la contemplait, admirant sa beauté, la grâce de sa pose. A la fin, il s'approcha de l'exquise voyageuse et lui demanda avec la plus parfaite courtoisie si elle n'avait pas besoin de se rafraîchir. Ce jeune homme était le comte Joseph de Caraman dont le père, le marquis de Caraman, était propriétaire du château de Ménars, l'un des plus importants de la région. La fugitive accepta l'offre gracieuse. Onze ans après, c'était la main même de l'aimable comte qu'elle devait accepter. A cette époque, une croix d'imposantes dimensions fut érigée en action de grâces à la place où elle s'était assise, consacrant la première rencontre des futurs époux.

Thérésia s'ennuya si fort à Orléans qu'elle n'y resta que deux jours. Dès le lendemain, elle se faisait délivrer un passeport pour Fontenay-aux-Roses. Elle y arriva sans accident et alla loger dans la maison de campagne qu'elle y habitait jadis avec le marquis de Fontenay. C'est là que Tallien secrètement prévenu vint la rejoindre. L'entrevue fut chaleureuse et tendre. Menacés par le même péril, les deux amants sentirent entre eux, pour la première fois peut-être, un courant d'émotion et de sympathie. Ils confondirent sincèrement leurs espérances et l'inquiétude les unit mieux que n'avait fait la fortune. Leur instinct ne les trompait pas. A cette heure, le petit Jullien poussait de plus en plus Robespierre à les faire arrêter tous deux. Le 11 prairial, il lui écrivait: « Je crois devoir t'envoyer copie de l'extrait d'une lettre de Tallien au Club national; elle coïncide avec le départ de la Fontenay que le Comité de Salut public aura sans doute fait arrêter. Il y a sur elle des détails politiques bien singuliers. » (1) Quelques jours après, il revenait à la charge: « Ysabeau qui me vit hier, me dit Tallien arrêté. La Fontenay doit maintenant être en état d'arrestation. » (2) La double arrestation était donc bien décidée dans l'esprit de l'*Incorruptible* et Thérésia était désignée comme la première victime.

Enfant gâtée et capricieuse, elle s'ennuie presqu'aussi vite à Fontenay-aux-Roses qu'à Orléans. Elle veut à toute force venir à Paris et elle y va.

(1) *Papiers inédits trouvés chez Robespierre, Saint-Just, Poujan etc., supprimés ou omis par Courtois,* t. III, p. 31.
(2) *Ibid.*, p. 35.

Ce séjour ne lui était pas moins interdit que celui de Bordeaux. Néanmoins, avec un peu de prudence, elle aurait pu y être mieux cachée que partout ailleurs. Mais elle ne peut résister au besoin de se montrer, de voir les modes nouvelles, de respirer l'atmosphère de la grande ville. Comme elle la trouve changée! Tous les hôtels de l'aristocratie sont à vendre, loués pour la plupart à des logeurs ou à des gargotiers. Partout, dans les riches appartements désertés, dans les édifices publics abandonnés, jusque sur le pavé, de magnifiques mobiliers sont à l'encan. Un ruisseau de boue fétide court par les rues. La nuit, la ville entière est plongée dans l'obscurité. Des gens de mauvaise mine rôdent par les carrefours, attirés de tous les coins de la France par le pain de la Commune. Le discrédit des assignats est si grand que les cochers de fiacre fixent le prix de leur course à six ou huit mille livres. (1) Au Théâtre-Français, il n'y a plus ni loges ni balcons, de peur d'offenser la majesté populaire. (2) Les différences des fortunes ne s'accusent plus que dans le choix des menus et la qualité de la chère. Les riches vont dîner au Palais-Royal chez Méot, le restaurateur à la mode. Thérésia tourmente si fort Tallien qu'il

(1) *Fragments sur Paris,* vol. I.
(2) *Almanach des Spectacles de Paris,* 1794, Duchesne.

finit par l'y mener. Imprudence suprême! Tous deux y sont remarqués. La maîtresse du représentant est reconnue, filée et signalée à la police de Robespierre.

Dès le 3 prairial (22 mai), le Comité de Salut public a pris un arrêté ordonnant son arrestation immédiate. Chose significative, cet arrêté est écrit entièrement de la main rageuse de l'*Incorruptible*. Il a arraché leur signature à Billaud-Varennes, Barère et Collot d'Herbois qui ne connaissent pas l'inculpée, en leur disant qu'elle était fille d'un comte et ministre espagnol. (1) Jamais victime ne fut pousuivie avec plus d'acharnement par l'insatiable guillotineur à l'habit bleu-barbeau. Il a lancé à ses trousses ses deux plus fins limiers: Lavalette et Boulanger, ce dernier affublé, on ne sait comment, du grade de général de brigade policier en uniforme de la plus grande habileté.

Ils ne sont pas longs à trouver la trace de Thérésia. Cependant, celle-ci fait de son mieux pour les dépister. Elle se laisse guider, dans les exigences de sa sécurité, par ce même Taschereau qui lui a fait donner le conseil de s'arrêter dans quelque ville des bords de la Loire et dont elle vient de faire la connaissance à Fontenay-aux-Roses. Il a couru s'y mettre à sa disposition, dès qu'il a su

(1) Discours de Collot d'Herbois à la tribune de la Convention. *Moniteur* du 9 germinal an III.

son arrivée. Caractère bas et plein de duplicité, ce Taschereau qui devait trahir odieusement Robespierre après avoir été son homme à tout faire, joue dans toute cette affaire un double jeu dont le but n'apparaît pas bien clairement. Sur ses avis, Thérésia va loger, rue Honoré (Saint-Honoré), chez un notaire du nom de Gilbert. L'endroit ne paraissant pas sûr, elle loue une maison à Chaillot. Mais, en incorrigible petite maîtresse, elle la trouve inconfortable, inhabitable. Elle veut des réparations, livre les appartements aux plâtriers et aux tapissiers, fait tant et si bien qu'on la découvre et qu'elle n'a que le temps de fuir ailleurs. (1) Elle va chercher refuge rue de l'Union, aux Champs-Elysées, dans une sorte de vide-bouteille qui appartient au menuisier Duplay, le logeur et bientôt sans doute le beau-père de Robespierre. Il l'a loué à des amis qui sont en même temps ceux de Taschereau: le ménage Desmousseaux. Impossible de trouver retraite plus sûre.

Thérésia y envoie ses bagages et y fait une courte apparition, tandis que Frenelle dirige le déménagement à Fontenay-aux-Roses. Par malheur, la maîtresse de Tallien est reconnue par un agent de Boulanger, au moment où elle sort. Elle a ce-

(1) Rapport du citoyen Boulanger. (*Papiers inédits trouvés chez Robespierre, Saint-Just, Payan, etc., supprimés ou omis par Courtois.*) .

pendant le temps de gagner Versailles où elle pense retrouver ce Félix Lepelletier de Saint-Fargeau auquel elle garde toujours une place dans son cœur. Et puis une liaison publique avec lui n'effacerait-elle pas les inconvénients de sa compromettante intimité avec Tallien? Quant à l'indispensable et anodin Guéry, elle l'a installé sans façon dans la petite maison de Duplay. Elle éprouve le besoin de se faire escorter par lui à Versailles. Seul, son domestique Guillaume Bidos reste à Paris.

Sachant Boulanger sur la piste de sa proie, Taschereau brusque la situation, pour se mettre au-dessus de tout soupçon et se tailler un indubitable brevet de zèle jacobin. Il dénonce les hôtes de la rue de l'Union. Le 12 prairial (30 mai), Lavalette et Boulanger font irruption dans la petite maison, arrêtent Desmousseaux, sa femme et le domestique de Thérésia. Grand bruit chez la famille Duplay prévenue. Le menuisier vient répondre pour ses amis et déclare qu'il demandera des explications à son bon ami Robespierre. Enfin, Lavalette et Boulanger consentent à laisser le ménage Desmousseaux chez lui sous la garde de deux gardiens. Et les voilà partis grand train pour Versailles où ils savent trouver Thérésia.

Ils y arrivent en pleine nuit et découvrent sans peine la maison où on leur a dit que la jeune femme était descendue. Celle-ci dort d'un sommeil paisible et sans méfiance. Réveillée en sursaut, elle tressaille atrocement. Ce bruit de crosses battant furieusement sa porte, elle l'a déjà entendu à Bordeaux! Boulanger entre dans la chambre et montre l'ordre qu'il a reçu « d'arrêter la citoyenne Cabarrus-Fontenay et tous ceux qui se trouveraient avec elle. » (1) On s'empare également du jeune Guéry qu'on a trouvé couché dans une chambre voisine. Malgré leurs protestations, tous deux ont les mains ligotées, sans qu'on leur ait à peine laissé le temps de se couvrir. Puis des gendarmes les poussent demi-nus devant eux à travers les rues pleines d'obscurité et de silence.

Quelle nuit! Les deux prisonniers sont conduits devant un comité révolutionnaire. Un juge improvisé leur fait subir un interogatoire, traitant la maîtresse de Tallien comme une fille, fouillant impudemment son passé, ses aventures. Il lui fait avouer qu'elle a eu des correspondances et des relations avec Tallien, le représentant Monestier, le général Frégeville, Félix Lepelletier de Saint-Fargeau et un certain Sagon, officier de santé à l'armée du Nord. (1) On la laisse sur la sellette une

(1) Rapport du citoyen Boulanger. (*Papiers inédits trouvés chez Robespierre, Saint-Just, Payan, etc., supprimés ou omis par Courtois.*) .

(1) Courtois, *Papiers de Robespierre*, t. I, p. 269.

partie de la journée du lendemain, sans lui permettre le moindre repos. On dîne copieusement devant elle sans lui donner à manger ni à boire. En vain elle réclame un sort moins rigoureux et produit un certificat signé des représentants Ysabeau, Brival et Monestier déclarant qu'elle ne doit pas être regardée comme étrangère quoique née à Madrid. Qu'importent ses réclamations, ses prières! Victime de la haine de Robespierre, elle ne peut plus compter sur aucun appui ni s'attirer aucune pitié.

Enfin, on la fait monter en voiture entre deux membres du comité révolutionnaire. Le long de la route, ils l'accablent des propos les plus grossiers, les plus outrageants. C'est avec un vrai soulagement que la malheureuse voit arriver la barrière de l'Etoile et Paris. En traversant la place de la Révolution, ses compagnons de voyage la forcent à mettre la tête à la portière et à contempler la guillotine qu'ils appellent plaisamment « le rasoir national ». « Dans trois jours, lui disent-ils, tu joueras cette pièce en personne. » (1) Oh! quelle détresse dans ce cœur de vingt ans si avide de vivre, quel frisson plus mortel encore que celui qui l'a brisée jadis en passant de même, menottes aux mains, devant l'échafaud bordelais!

(1) Lettre de Charles de Constant, d'après un récit de Mme Tallien, juin 1796. (*Intermédiaire des chercheurs et des curieux*, 20 décembre 1898.).

Il s'agit de lui trouver un cachot dans une prison. Laquelle choisir? Peu importe. On la laissera où on trouvera de la place. Mais il y a partout une effroyable pléthore de captifs. A tous les guichets, c'est la même sinistre réponse: « Nous sommes au complet. » Thérésia fut ainsi promenée dans douze prisons différentes et enfin écrouée à la Petite Force, vieux bâtiment de la rue Pavée-au-Marais. Guéry et le domestique Guillaume Bidos avaient été enfermés au Luxembourg. Enfin, presqu'en même temps que Thérésia, on avait arrêté à Fontenay-aux-Roses la fidèle Frenelle. De belle taille et de fin visage, elle avait un signalement qui ressemblait de très près à celui de sa maîtresse. La brave fille multiplia ses efforts pour se faire prendre pour elle et tâcher ainsi de la sauver. La police ne se laissa pas duper. Mais Frenelle n'en fut pas moins envoyée à la Petite-Force tout comme Thérésia.

Celle-ci avait été mise au secret. A son arrivée elle avait été fouillée devant huit hommes. Des vêtements qu'elle portait on ne lui rendit que sa chemise qu'elle dut couvrir d'une robe de toile grossière. (1) Ses magnifiques cheveux noirs tom-

(2) Au Salon de 1796 figurait un portrait de la citoyenne Tallien, par Lanouville. Elle y était représentée dans son cachot de la Petite Force, tenant dans ses mains ses cheveux qui viennent d'être coupés.

bèrent sous d'impitoyables ciseaux. On l'enferma dans un cachot sordide et noir qui lui fit regretter celui qu'elle avait occupé dix mois auparavant au fort du Hâ. Les murs dégouttaient d'humidité. L'infortunée prisonnière, si habituée aux raffinements du luxe et du confort, dut coucher sur des sacs de paille tout fourmillants de vermine. Ses pieds délicats se glaçaient dans une boue fétide. Quelle expiation de la vie fastueuse qu'elle avait menée à Bordeaux au prix de ses complaisances! Cette prison de la Petite Force primitivement destinée aux assassins était la plus affreuse de tout Paris. Au pied de l'escalier et sous les lucarnes des cachots, on avait installé deux loges à cochons où les geoliers faisaient de l'élevage. Une odeur infecte emplissait tout le bâtiment.

On la laissa vingt-cinq jours dans son immonde cachot sans même lui permettre de respirer l'air de la cour de la prison. Son beau visage se tira, ses fraîches couleurs se ternirent, ses grands yeux charmeurs se brûlèrent de larmes. La malheureuse avait mis tout son espoir dans Tallien. Et Tallien ne donnait pas signe de vie. Mon Dieu, que faisait-il donc? S'occupait-il de l'arracher à ce trou abominable, de la sauver de la guillotine?

Tallien ne l'avait pas abandonnée. Il avait cependant souffert de quelques-unes de ses dernières fantaisies et avait voué en particulier une rancune jalouse au jeune Guéry. Bien qu'il n'eût pour cela aucune qualité, il avait été jusqu'à mettre sa griffe à côté de celles des membres du Comité de Surveillance des Champs-Elysées sur l'ordre de conduire le jeune homme à la maison d'arrêt du Luxembourg. Néanmoins, l'arrestation de sa maîtresse l'avait désespéré. Le lendemain de cette arrestation, Taschereau le rencontra qui se promenait triste et abattu aux Champs-Elysées. Il alla à lui. « Ne crains rien, lui dit-il, pour la citoyenne Cabarrus. Ton amie ne sera pas encore aujourd'hui traduite devant le Tribunal révolutionnaire. »

C'était vrai. Thérésia avait déjà été interrogée par un des vice-présidents de ce tribunal, l'énorme et brutal Coffinhal. Mais Taschereau sans doute sincère, cette fois, avait fait tenter une démarche auprès de celui-ci par l'ex-fermier général Verdun. Ce Verdun très lié avec Coffinhal avait eu l'occasion de rendre service à Robespierre. Il insinua fort habilement que le Comité de Salut public voyait avant tout en Thérésia un otage précieux, tandis qu'une victime de plus sur la place de la Révolution ne servirait en rien les intérêts de la République. Coffinhal converti laissa dormir le dossier. C'était du temps gagné. Mais bientôt l'angoisse revint saisir Tallien à la gorge. S'acharnant dans sa haine, Robespierre faisait rassembler par le Comité de Salut public « les pièces relatives à la Cabarrus. » Il réclamait un compte-rendu des lettres adressées à la jeune femme depuis qu'elle était à la Petite Force. Heureusement, on n'y pouvait rien découvrir de subversif: elles étaient toutes « en amoroso. » Même prisonnière, la belle espagnole attirait à elle l'offrande passionnée des cœurs.

Aucune lettre ne lui était communiquée. Que faire pour parvenir jusqu'à elle? Tallien éprouve un irrésistible besoin de se rapprocher de la bien-aimée. Il s'adresse à sa vieille mère qui habite toujours ce quartier du Marais où il est né. Celle-ci trouve le moyen de louer à une bonne femme concierge comme elle une mansarde de la rue de la Perle, à deux pas de la Petite Force. De là il pourra peut-être apercevoir la chère prisonnière à l'heure de la promenade dans la cour. En tout cas, il sera placé admirablement pour se créer des intelligences dans la place. Grâce à la complicité d'un employé de la prison, il parvient à faire savoir à Thérésia qu'il veillait sur elle, qu'il travaillait de toutes ses forces à l'arracher au danger. La belle captive reprit un peu d'espoir. En ce moment, la rigueur avec laquelle on l'avait traitée tout d'abord commençait un peu à se relâcher. Emus de son sort, les autres prisonniers avaient signé une pétition en sa faveur. Elle valut à Thérésia la permission de passer une heure par jour dans une chambre où l'air était plus pur. La clarté du ciel y pénétrait et, reprise par son goût pour les occupations artistiques, la jeune femme en profita pour dessiner son propre portrait.

Bientôt, le secret cessa. Elle put entrer en communication avec ses compagnons de captivité (1), s'associer à leurs passe-temps, à leurs distractions, vivre de l'étrange vie mondaine et galante des prisons de l'aristocratie sous la Révolution. On jouait aux jeux innocents; on composait et lisait en société de petits vers badins sur les menus faits de la morne existence de détenu; on rimait sa *chanson de la guillotine;* on adressait des madrigaux à de charmantes têtes bouclées que guettait le supplice; on se faisait la cour; on s'aimait. (2) C'était, curieusement transposé au sein d'un décor de tristesse et de misère, tout ce qui restait de la

(1) On a beaucoup raconté que parmi eux se trouvait la future impératrice Joséphine. Le fait est sûrement inexact, celle-ci ayant été détenue aux Carmes.

(2) Le morceau suivant débité par Fleury, de la Comédie-Française, lors de son incarcération à la prison des Carmes indique bien à quel raffinement étaient arrivés les détenus de l'aristocratie :

« Dans ce salon, point de parure
« Ni d'ornements que la beauté
« Sortant des mains de la nature,
« Riche de sa simplicité.
« On n'y rencontre aucune glace,
« On ne s'y mire que dans les yeux,
« Et chacun de nous est heureux
« De pouvoir y prendre sa place. »

vie des salons défunts. C'était l'âme de tout un siècle d'esprit et de grâce qui achevait de mourir. Et cette agonie n'était pas sans beauté fière et émouvante. Thérésia se sentit le cœur rehaussé au milieu de cette noble et vaillante compagnie. Elle se raidit contre ses terreurs et commença de regarder sans trembler l'image de l'échafaud.

Il en était un autre que cette image poursuivait. C'était Tallien. Tous ses essais d'entente avec l'*Incorruptible* avaient échoué. Douze jours après l'arrestation de Thérésia, celui-là lui avait jeté à la face le reproche de mensonge en pleine séance de la Convention. Le lendemain, il recevait de Tallien une plate lettre d'excuses. Ni les menaces de la situation ni les périls que courait sa maîtresse ne pouvaient relever cette âme rampante. D'ailleurs, ses bassesses et ses flagorneries restaient sans effet. Son nom figurait sur toutes les listes. Le bruit courait partout qu'il était arrêté. Ysabeau l'affirmait à Jullien. Une surveillance étroite avait été établie autour de sa personne, de sa maison, de ses amis, des gens avec qui il s'entretenait. Les espions de Robespierre épiaient toutes ses démarches, notaient l'heure de ses entrées, de ses sorties, décrivaient minutieusement dans leurs rapports le physique et le costume des personnes qui l'accompagnaient dans ses promenades. Un jour qu'il traversait le jardin des Tuileries avec deux collègues, ils s'aperçurent que trois inconnus les suivaient. Ils leur mirent la main au collet et les traînèrent au corps de garde. Là, on sut que c'étaient deux courriers du gouvernement et un membre des Jacobins nommé Jarry, intime de la famille Duplay. Robespierre interrogé par Tallien à la tribune ne put fournir d'explication, mais garda toute son arrogance. Il n'était que temps de précipiter à terre l'omnipotence du tyran, si on ne voulait pas être dévoré par lui.

L'ancien proconsul de Bordeaux n'était pas seul en danger. Il trouva des alliés au sein de l'Assemblée. Dans un souper chez une ancienne amie de Thérésia, Mme de Saint-Brice, la mort de Robespierre fut jurée sur une bouteille de champagne par Tallien, Barras et Fréron. (1) Mais il fallait se hâter. Les conjurés gagnèrent à eux ces bancs timides et incolores de la Convention qu'on appelait le Marais. Ils rallièrent les quelques voix de la droite, en exploitant les idées de tolérance et de modération. Ils s'attachèrent la plus grande partie de la Montagne en lui montrant dans Robespierre un dictateur prêt d'éclore et en se servant du mécontentement qu'il avait excité par son intervention de l'Etre suprême. Circonstance très favorable, soixante-huit députés, tous dévoués à Robespierre, étaient en mission dans les départements. La division était complète, l'occasion merveilleu-

(1) D'Allonville. *Mémoires*, t. III, p. 313.

sement propice. Il n'y avait plus qu'à frapper.

Au fond de sa prison, Thérésia avait sans doute reçu quelque mystérieux avis de la lutte qui se préparait. A partir des premiers jours de thermidor, on la voit devenir plus nerveuse. Son cerveau s'échauffe et bout. Son impatience s'exaspère. Elle se révolte contre une captivité qui va la conduire tout droit à la guillotine, si elle se prolonge encore quelques jours. Elle n'écoute plus les conseils de résignation que lui donne un de ses compagnons de misère, le vieux maréchal de Ségur. A quoi s'occupe donc ce Tallien si soumis, d'habitude, à ses volontés, à ses caprices? Et voilà que, le 7 thermidor, l'annonce de la mort arrive, terrifiante, irrémissible. Mais la jeune femme ne se laisse pas abattre. Elle met toute son énergie, toute sa soif de vivre dans ce court billet qu'elle fait parvenir à la mansarde de Tallien, rue de la Perle:

« L'administrateur de police sort d'ici, il est venu m'annoncer que, demain, je monterai au Tribunal, c'est-à-dire sur l'échafaud. Cela ressemble peu au rêve que j'ai fait cette nuit. Robespierre n'existait plus et les prisons étaient ouvertes. Mais grâce à votre insigne lâcheté, il ne se trouvera bientôt plus personne en France capable de le réaliser. »

Tallien se préparait au combat avec son indécision, son inconstance ordinaires. Cet appel cinglant fouilla sa mollesse. Il se promit d'être fort et quelques heures après il faisait parvenir ce mot à sa maîtresse par le messager secret qu'ils avaient su se trouver à la Petite Force:

« Soyez aussi prudente que j'aurai de courage, mais calmez votre tête. »

Se calmer, était-ce possible avec la mort qui pouvait venir frapper à toute heure! Thérésia passa la journée du 8 dans une mortelle angoisse, s'attendant toujours à voir arriver les gendarmes chargés de la conduire au Tribunal révolutionnaire. Mais, heureusement, la parole de l'administrateur de police ne se réalisa pas. On avait sursis au jugement de la citoyenne Cabarrus. La matinée du 9 la trouva plus frissonnante encore. Bien sûr, c'était aujourd'hui qu'elle allait affronter Fouquier-Tinville et les juges inexorables. Rien ne pouvait plus la sauver. Il faudrait porter demain sur l'échafaud cette tête si belle dont le triomphant sourire avait été jusqu'alors sa sauvegarde. Avec une crudité effroyable, le geolier lui dit même qu'elle n'avait pas à prendre la peine de faire son lit pour le soir.

Ses compagnons de captivité s'empressent, sans grande conviction, à la rassurer, à la consoler.. Mais soudain un bruit étrange venu on ne sait comment du dehors se répand parmi eux. On bataille avec fureur à la Convention. L'assaut est donné à Robespierre et aux siens. Paris est en pleine ébullition. Le peuple s'arme dans les sections. La garde nationale marche contre la Commune. Trois mille canonniers attendent, mèche à la main, à côté de leurs pièces braquées contre l'Hôtel-de-Ville. Cette journée du 9 thermidor annonce une réaction immédiate et décisive. Une allégresse fébrile se déchaîne parmi les malheureux détenus. Quelle nouvelle! On s'embrasse, on bat des mains, on se met à espérer follement. Le beau visage de Thérésia respire une joie ardente. Ses yeux brillent d'un éclat perdu depuis son entrée en prison; elle parle avec volubilité et s'agite comme une enfant impatiente. Mon Dieu, si elle allait vivre! Et sa pensée s'en va, palpitante, avide de savoir, vers cette salle du Manège où la Convention tempête, vers cette tribune où peut-être Tallien parle et combat pour elle.

En effet, c'est lui qui a ouvert le feu. Il est arrivé à l'Assemblée avec un air de décision qui ne lui est pas habituel. En rencontrant Goupilleau de Montaigu, il lui a dit: « Viens être témoin du triomphe des amis de la Liberté. Ce soir, Robespierre ne sera plus. » (1) La séance s'ouvre. Scandant ses phrases du poing selon son geste coutumier, Saint-Just lit à la tribune un écrit dans le-

(1) Courtois. *Rapport*, p. 39.

quel il attaque les membres du Comité de Salut public. Tallien l'interrompt. Il réclame énergiquement qu'on mette fin aux équivoques, qu'on abandonne les insinuations lâches, qu'on en vienne aux accusations directes. Billaud-Varennes parle à son tour. Il reproche à Robespierre d'être un révolutionnaire rétrograde. Celui-ci apparaît à la tribune, frisé, poudré, vêtu de l'habit de soie violet et de la culotte de nankin qu'il portait le jour de la fête de l'Etre suprême. Mais c'est en vain qu'il aux accusations directes. Billaud-Varennes parle à donné. Les nerfs se crispent dans cette lourde et torride atmosphère de juillet. Des cris de: « A bas le tyran! » forcent l'orateur au silence.

Le moment est opportun. Tallien remonte à la tribune. Comme il se sent soutenu, il va se montrer plus agressif, plus violent que tout à l'heure. Avec de grands gestes, il vocifère: « Citoyens représentants, je me suis armé d'un poignard pour percer le sein du nouveau Cromwell, dans le cas où vous n'auriez pas le courage de le décréter d'accusation. » Ce n'est pas une vaine image. Il tire en effet un poignard de la poche de son habit et le brandit dans un mouvement mélodramatique. (1) Pour la première fois de sa vie, ce médiocre se montre puissant. Son discours électrise

(1) Une légende raconte que ce poignard lui avait été envoyé par Thérésia en même temps que le billet. Mais on se demande comment elle a pu se propager, si l'on réfléchit que la jeune femme non plus qu'aucun prisonnier ne pouvait avoir alors d'arme à sa disposition.

l'Assemblée. Elle vote avec élan l'arrestation des exécuteurs les plus notoires des volontés de l'*Incorruptible:* Henriot, Boulanger et leurs états-majors. En vain Robespierre crie, gesticule et, incliné vers l'Assemblée, son chapeau à la main, demande la parole. La Montagne presque toute entière s'est levée et hurle: « A bas le tyran! » Au tour de Barère et de Vadier d'attaquer celui dont on veut la mort. Mais leurs accusations sont indirectes, confuses, embrouillées. C'est encore Tallien qui va les préciser, en énumérant à Robespierre une série d'arrestations injustes, d'odieuses calomnies, d'actes d'oppression de toutes sortes. « C'est faux, s'écrie son adversaire, je... » Mais les haines prêtes à se satisfaire éclatent en cris forcenés, en apostrophes, en imprécations. Un épouvantable fracas domine la séance. Soulevés de leurs bancs, les députés s'égosillent et se démènent comme des furieux. En vain, la sonnette du président tinte, affolée, rageuse, impuissante, tandis que la voix aigre de Robespierre s'élève encore désespérément: « Pour la dernière fois, président d'assassins, je te demande la parole! »

« Tu ne l'auras qu'à ton tour! » répond Thuriot qui vient de remplacer Collet d'Herbois au fauteuil présidentiel. La Montagne vocifère. Le Marais tout entier pousse le terrible cri de « Hors la loi! » La Plaine, cette partie de l'Assemblée que

Robespierre a toujours trouvée si docile, reste muette et comme accablée. Epuisé, sans voix, son mince visage blême ruisselant de sueur, il comprend alors qu'il est condamné, perdu. « Tu ne peux plus parler, lui crie Garnier de l'Aube. C'est le sang de Danton qui t'étouffe! » Enfin, le silence sort de l'extrême fatigue de tous, un silence solennel, effrayant. « Je demande le décret d'arrestation contre Robespierre », dit Louchet. On met aux voix. Plaine, Marais, Montagne, toute la Convention est debout. Maximilien et Augustin Robespierre, Saint-Just, Couthon, Le Bas sont décrétés d'accusation. Les conjurés sont vainqueurs. Tallien triomphe.

Pendant ce temps, Paris est en pleine tempête. La générale bat avec une ardeur fébrile. Electrisés par la lourde atmosphère saturée d'orage, les sectionnaires s'agitent et courent aux armes. Un espoir passionné de délivrance anime tous les courages. La Commune s'est réunie. Elle a juré de sauver Robespierre et a semé l'insurrection dans le peuple. Aux décrets de la Convention, elle riposte par des arrêtés contraires. Elle organise la résistance, rend coup pour coup. Voilà que sur son ordre, toutes les prisons se ferment devant l'Incorruptible. On l'amène triomphalement à l'Hôtel de Ville. Là, il signe un appel à ses fidèles de la section des Piques. Peut-être va-t-il se rendre maître du sort,reprendre sa funeste puissance? Non, car à peine a-t-il signé les deux premières lettres de son nom: Ro... que le coup de pistolet du gendarme Merda lui brise la mâchoire. On s'empare de lui. Avec une joie féroce, on le transporte tout sanglant au Pavillon de Flore. Le tyran est bien définitivement abattu.

A la Petite-Force, on attend anxieusement des nouvelles. Quelle joie pour Thérésia d'apprendre la défaite de son mortel ennemi, l'annonce d'une très prochaine liberté et le rôle joué par son amant dans les événements de la journée! A ses yeux, ce rôle représente pour elle tout un avenir de luxe, de réputation, de vie éclatante. Les épreuves ne l'ont pas guérie du désir de briller. Le 12 thermidor, elle sort de prison, radieuse de bonheur, après avoir fait des adieux émus à ceux qui quittent comme elle l'abominable geôle de la rue Pavée-aux-Marais et leur avoir fait promettre de se revoir.

Ces verrous qui se tiraient devant elle se refermaient, le même jour, sur l'homme qui l'avait conduite si près de la mort, sur Jullien, le petit Jullien de Bordeaux. « Haine aux satellites de Robespierre! » s'était écrié Tallien, le 11 thermidor, à la séance de la Convention. Et il avait commencé par son acharné dénonciateur au visage enfantin. Les hommes de Thermidor ne connaissaient pas plus la clémence que ceux dont ils s'étaient faits les justiciers.

Longtemps après, durant l'hiver de 1817, Thérésia, devenue princesse de Caraman-Chimay, se rendit, un soir, au bal que donnait une de ses amies. En traversant les salons, elle se trouva face à face avec un homme d'une quarantaine d'années. Elle tressaillit. Où donc avait-elle vu ce visage avenant et frais, ce regard resté jeune?... Soudain, elle se souvint. Tout son sang reflua à son cœur et son émotion fut si forte qu'elle s'évanouit. C'était Jullien! Revenue à elle, l'ancienne prisonnière de la Petite Force ne put demeurer davantage. Devant elle, ignorant de la scène, mais gracieux et empressé comme jadis, Jullien dansait, faisait des ronds de jambe, débitait des galanteries. Thérésia le montra à une amie qui la raccompagnait en disant:

— Voyez cet homme. Il n'en est pas qui m'ait causé plus de mal. Il a tout fait autrefois pour m'envoyer à la guillotine.

CHAPITRE V.

Notre-Dame de Thermidor

Popularité de Tallien. — Les Thermidoriens. — Thérésia reprend son rôle de bienfaitrice. — Elle entre en relations avec Mme de Beauharnais. — Gêne momentanée. — Manifestations politiques de Thérésia. — Elle épouse Tallien. — La Chaumière. — Paris après Thermidor. — — Thérésia est attaquée à la Convention. — Tallien à Quiberon. — L'anniversaire du 9 thermidor. — L'uniforme du général Bonaparte.

Thérésia ne s'était pas trompée. Au lendemain de Thermidor, Tallien devint le lion du jour. Il acquit une prodigieuse popularité pour avoir osé attaquer Robespierre en face et avoir entraîné à l'assaut la masse des hésitants. On vit en lui un champion d'humanité et de miséricorde dont le courageux effort avait endigué le flot de sang qui submergeait la France et ouvert toute grande la porte des prisons. Il recueillait sur son passage les plus flatteuses manifestations. Un soir, après le bruit d'un assassinat dont il avait paru menacé et une retraite de quelques jours dont le motif était inconnu, on le vit reparaître à une représentation de l'Odéon. On savait qu'il devait y venir. Le parterre, les loges, l'escalier même étaient bondés de spectateurs enthousiastes qui l'attendaient. Enfin, il arrive, accompagné de Thérésia plus belle, plus élégante que jamais. Un tonnerre d'applaudissements accueille le couple. On l'acclame à grand renfort d'épithètes flatteuses on se bouscule pour mieux le voir; on grimpe sur les bancs avec des mines extasiées. (1) Les foules se laissent toutes gouverner par l'impression du moment. Celle-ci oubliait les crimes, les rapines, les odieux trafics du proconsul de Tours et de Bordeaux pour se laisser griser par le geste théâtral de l'orateur menaçant, à la séance du 9, l'*Incorruptible* de son poignard. Pour elle tout était effacé et Tallien n'était plus que le vainqueur du monstre, le démolisseur de « la coupeuse de têtes », le providentiel libérateur.

C'était faire à Tallien plus d'honneur qu'il n'en méritait. L'intérêt personnel, l'instinct de conservation, peut-être aussi le désir d'arracher sa maîtresse au bourreau étaient les seuls mobiles qui avaient fait de lui le furieux agresseur de Robespierre. Il avait obéi tout à la fois à une pensée de défense et d'ambition. Quant à la justice, à la pitié, à la protection des opprimés, au bien du pays, malgré ses phrases creuses et redondantes, tout cela lui était resté fort étranger. Ce fut là, d'ailleurs, d'une manière générale, l'état d'âme peu édifiant des thermidoriens. Ils n'avaient qu'une

(1) Chancelier Pasquier. *Mémoires*, t. I, p. 114.

idée: s'emparer du pouvoir, des places, des jouissances abandonnés par ceux qu'ils venaient d'envoyer à l'échafaud. Selon la vigoureuse expression de Mallet du Pan, c'étaient « des valets qui avaient pris le spectre des mains de leurs maîtres après les avoir assassinés. » D'humanité et de clémence, il n'en avaient pas plus que leurs prédécesseurs. Le salut des victimes innocentes leur importait si peu que, le soir du 9 thermidor, les charrettes de condamnés, après avoir attendu un contre-ordre, s'en allèrent comme à regret déposer leur lugubre chargement journalier au pied de la guillotine. Ils poursuivirent d'une haine féroce et donnèrent en pâture au couperet, non seulement leurs adversaires, mais tous ceux qui avaient été les témoins gênants de leurs méfaits. Tallien se fit spécialement remarquer dans ce genre de lâcheté. Dans le premier numéro du journal qu'il fonde après Thermidor, l'*Ami des citoyens,* il dénonce un agent du Comité de Salut public qui a le malheur d'être beaucoup trop au courant de son passé. En somme cette clôture de la Terreur en fait partie intégrante et Napoléon a fait justice des thermidoriens, en écrivant: « C'étaient des gens plus affreux et plus sanguinaires que Robespierre qui le firent périr; ils ont tout jeté sur lui. » (1)

(1) Mémorial de Sainte-Hélène.

Plus justement, le peuple exalta Thérésia. On connaissait sa mission de charité à Bordeaux, on savait qu'à la veille du 9 thermidor, elle avait stimulé l'âme vacillante de Tallien, qu'elle l'avait entraîné à l'action et qu'elle avait été l'inspiratrice de son courage après l'avoir été de sa clémence. Peut-être s'exagérait-on l'importance du rôle joué par la belle captive de la Petite Force, mais néanmoins, celle-ci pouvait réclamer une part dans le résultat et ce n'est pas sans raison qu'elle écrira plus tard que c'est un peu à elle qu'on doit le renversement de la guillotine. (1)

Durant la période d'anarchie qui suivit la Terreur, elle continua auprès de son amant son rôle d'Egérie bienfaisante. Comme à Bordeaux, elle se vit environnée de placets, de pétitions, de toute une clientèle empressée de solliciteurs. De nouveau, elle tint bureau de recommandations et d'apostilles. Emigrés rentrés, nobles sortis de prison, malheureux sans pain s'adressèrent à elle comme à une Providence. Son infatigable bienveillance s'employait pour tout le monde. A la douceur de sa voix implorante, des prisons s'ouvraient, des biens étaient restitués.

Un jour, elle reçut la visite d'une séduisante

(1) Lettre au chevalier de Pougens, datée de Bruxelles, 16 novembre 1824.

créole pleine tout à la fois d'enjouement et de grâce langoureuse. C'était la veuve du général de Beauharnais tout récemment sortie de la prison des Carmes. Elle n'avait dû son salut qu'à la fièvre qui s'était emparée d'elle, lorsqu'elle avait appris la condamnation et le supplice de son mari. Sa comparution devant le tribunal révolutionnaire s'en était trouvée retardée de quelques jours et elle avait pu atteindre ainsi la bienheureuse date du 9 thermidor. La communauté des épreuves rapprocha les deux jeunes femmes. A la demande instante de Thérésia, Tallien fit rendre à Mme de Beauharnais, une partie de la fortune qui lui avait été confisquée. De ce jour, celle-ci voua une profonde amitié à sa bienfaitrice. Elle ne s'en départit jamais, même au jour merveilleux qui la vit impératrice et reine. A la vérité, ce rôle de bonne fée répondait admirablement au goût prononcé de Thérésia pour l'éclat et la popularité, à son besoin de domination. Mais dans le sentiment complexe qui la faisait agir, c'était l'or pur de son cœur qui dominait. La foule ne s'y trompait pas et dans son besoin d'idéalisation et d'action de grâces elle l'avait sacrée du joli nom de Notre-Dame-de-Thermidor.

Tout en poursuivant sa mission charitable, elle reprenait avec bonheur sa vie de coquetterie et de plaisir. Elle se délectait à se dire qu'après tant de jours troublés, d'heures d'angoisse, elle allait pouvoir jouir avec sérénité de sa beauté, de sa jeunesse, des douceurs que lui prodiguait l'existence. Femme de tête à l'occasion, elle commence par mettre un peu d'ordre dans ses affaires bouleversées, comme tout en France, par les dernières tempêtes. Ses deux mois de cachot lui ont coûté fort cher. Fontenay, son ancien mari, a vendu sans façon des maisons et des terres dont elle était propriétaire et qui n'étaient pas même payées. Dans l'anarchie financière où se trouve le pays, elle a la plus grande peine à réaliser le reste de sa fortune. Sa gêne est même si grande au début, qu'elle en est réduite à vendre son cheval, son cabriolet, sa guitare. Elle prie une de ses amies de Bordeaux de mettre en vente la plupart des objets qu'elle y a laissés, se fait envoyer le reste à son appartement de la rue Saint-Georges, et règle avec beaucoup d'ordre et d'exactitude les mémoires de ses créanciers. (1) C'est le jeune Jean Guéry, toujours indispensable, qui lui sert de factorum dans ces diverses opérations.

En même temps, elle se sent piquée de l'aiguillon politique. Maîtresse du protagoniste de Thermidor, associée par l'opinion à sa gloire, elle se dit que l'occasion est bonne pour se mettre en évi-

(1) Lettre à Constance Nairac, citée par M. Marcellin Pillet, ancien député. (*Variétés révolutionnaires.*)

dence et occuper l'opinion d'elle-même. La cabotine de l'église des Récollets vit toujours en elle, mais elle a trouvé une occasion meilleure d'employer son zèle tapageur. Les derniers robespierristes se groupaient au club des Jacobins. Cette salle était devenue un foyer de furieuses déclamations contre les nouveaux maîtres de la France. C'est par l'effet de ces excitations que le 23 fructidor Tallien reçut à bout portant un coup de pistolet qui le blessa à l'épaule. Les comités de la Convention instruisirent longuement le procès de la société des Jacobins. Le 21 brumaire, ils décidèrent que la salle de leurs séances serait fermée et les clefs déposées au secrétariat du Comité de la Sûreté générale. Thérésia décida d'aller elle-même enlever ces clefs. Ne serait-ce pas un joli geste de vaillance, une éclatante réponse aux lâches qui avaient voulu assassiner Tallien?

Elle se rendit en effet au club de la rue Honoré avec toute la superbe et l'arrogance d'une Bradamante. L'acte n'était pas sans péril, mais le courage de Thérésia s'était trempé au milieu des dangers et au voisinage de la mort. D'ailleurs, il y avait chez elle ce mélange d'énergie et de faiblesse particulier aux femmes nerveuses. Fréron et Merlin de Thionville l'escortaient dans son expédition et ce n'est pas sans étonnement qu'on voit deux membres de l'Assemblée couvrir de leur caractère officiel ce qui ressemble beaucoup à une fantaisie de femme. Quelle qualité pouvait invoquer Thérésia pour s'improviser ainsi l'exécuteur des décisions du Comité de sûreté générale? Mais l'on était en pleine anarchie. La carrière s'ouvrait libre à qui voulait jouer les Théroignes. L'enlèvement des clefs ne donna lieu, du reste, à aucun événement. (1) Ce ne fut pas la seule manifestation à laquelle se livra la belle thermidorienne. Elle avait été choquée des inscriptions qui proclamaient sur tous les murs: *L'Egalité, la Fraternité, la République ou la Mort!* Un soir qu'elle avait une brillante société chez elle, elle fit part de ce sentiment à quelques jeunes fervents de sa beauté. « Courez donc effacer ces mots absurdes et sanguinaires! » s'écrie-t-elle. Elle est obéie sur le champ. Les zélés adorateurs se précipitent au dehors et purgent avec enthousiasme la rue Saint-Georges où elle habite de la brutale devise qui offusque ses beaux yeux.

Elle n'a cependant pas un si profond dégoût de l'esprit révolutionnaire, car, le 26 décembre 1794, elle consent à épouser Tallien, le septembriseur, le terroriste, l'impudent persécuteur de Tours et de Bordeaux. La cérémonie fut purement laïque et se déroula tout simplement devant les municipaux

(1) Lettre de la princesse de Caraman-Chimay au chevalie de Pougens, datée de Bruxelles, 16 novembre 1824.

de la section. Pas un parent ne signa au mariage. Quels motifs avaient pu pousser les nouveaux conjoints à s'unir? Du côté de Thérésia, il y avait très probablement une raison de fait: elle était enceinte. En outre, après avoir subi à Bordeaux la loi de Tallien, elle acquittait librement une dette de reconnaissance envers celui qui venait de la sauver de l'échafaud. Et puis elle croyait à l'avenir politique du vainqueur de Thermidor. Ambitieuse, avide de représentation et d'honneurs, elle pensait avec un tressaillement de joie et d'espoir qu'il saurait leur faire à tous deux un sort plein d'élévation et d'éclat. Quant à l'amour, elle n'en conservait plus guère pour ce mari connu depuis toute une année déjà, qui n'avait cependant que vingt-cinq ans et qui ne manquait ni de figure ni de prestance.

Tallien, lui, se sentait aussi un élan de gratitude envers celle dont les énergiques exhortations l'avaient lancé à l'assaut de Robespierre et des siens. Mais il était toujours ardemment amoureux de Thérésia, plus amoureux encore d'avoir failli la perdre et d'avoir lutté pour elle. Ajoutez que ce fils de laquais, ce raté parvenu sentait son cœur se gonfler d'orgueil à l'idée qu'il donnait son nom à une ancienne marquise, à une reine de beauté et d'élégance pourvue d'une jolie fortune. D'ailleurs, ni l'un ni l'autre n'avaient longuement médité sur leur nouvelle situation, le mariage étant alors chose de fort peu d'importance. On s'unissait et se désunissait avec une facilité extrême, presque sans formalités. Le mariage qui, suivant l'expression du projet de code civil n'était considéré que « comme la nature en action » avait été dépouillé de toute sa dignité. Un peu plus tard, quand le Directoire fera célébrer la *Fête des époux* dans l'ancienne église Saint-Eustache, le ridicule de la cérémonie excitera les lazzi des femmes de la halle.

Mais la nouvelle citoyenne Tallien se trompait en fondant de sérieuses espérances sur la fortune politique de son époux. Il ne devait être que le triomphateur d'une journée. Son apogée fut un éclair. Désormais, sa carrière va se dérouler terne, isolée, insignifiante. Il semble qu'il a donné toute la mesure de ses capacités dans son attaque contre Robespierre. Il ne reprendra plus de place prépondérante à la Convention. On le verra indécis, flottant, sans ligne politique, pratiquant un opportunisme étroit et incolore. Il commence par obéir aux suggestions de sa femme en déclarant: « La Convention ne doit pas souffrir que la République soit plus longtemps divisée en deux classes: les persécuteurs et les persécutés, ceux qui font peur et ceux qui ont peur. » Il appuie contre Billaud-Varenne la mise en liberté de Mme de Tourzel. Il plaide en faveur des fédéralistes bordelais. Il se met avec Fréron à la tête du parti des indulgents qu'on appelle *la jeunesse dorée de Tallien et de Fréron.* Puis, brusquement, il exécute une étrange volte-face. La Convention est saisie par lui des mesures les plus sanguinaires. On le voit faire l'éloge de Jourdan-Coupe-tête, demander en germinal an III la mort des députés condamnés à la déportation et réclamer encore du sang après l'émeute du 1er prairial. Le terroriste reparaît, mais heureusement il est dépouillé de sa force et de son crédit.

Tous ses plans, toute son action, toute son influence se bornent à de misérables intrigues de couloir. En vain, son ambition le pousse à s'élever aux sommets. Il retombe tout de suite, à bout de souffle. Ignorant de toutes les questions de législation et d'administration, sans énergie, sans caractère, politicien vulgaire aux idées courtes et rétrécies, il n'arrive qu'à s'éparpiller en toutes petites affaires, en spéculations louches. Nul ne peut mieux s'appliquer le jugement si justement porté par Jules Lemaître: « La Révolution paraît bien avoir été une très grande chose accomplie surtout par des hommes médiocres... Ceux d'entre eux qui ont survécu à la tempête sont restés, pour la plupart, hébétés et nuls, comme s'ils avaient été vidés en une fois de leur énergie. »

Le piètre mari de Thérésia dépensait en manœuvres souterraines et en complots le peu d'initiative qui lui restait. Il avait cela dans le sang. Barras avait raison de dire : « Il y aurait cinq cents conspirations que Tallien serait de toutes. » Ce fils de la Révolution ne sut même pas lui rester fidèle. Oubliant qu'il lui devait tout, il travailla, en 1795, au rétablissement des Bourbons, entra en négociations avec les princes exilés et songea à préparer leur retour. Ceci le lave de l'accusation imméritée d'avoir été l'empoisonneur du jeune Louis XVII au Temple. Il est certain, au contraire, qu'il intrigua avec l'Espagne dans l'intérêt du Dauphin et qu'après la mort de celui-ci, il continua les mêmes intrigues pour mettre un infant d'Espagne sur le trône de France. (1) Qu'on ne cherche pas là une idée politique : Tallien ne vise qu'à l'argent. Peut-être est-ce pour masquer ces machinations qu'on le voit faire en même temps à la Convention les propositions les plus farouchement jacobines, notamment celle d'une fête commémorative du supplice de Louis XVI. C'est également pour donner le change qu'il va avec sa femme à une fête donnée par le comte Carletti, ministre plénipotentiaire d'une petite Cour italienne, le jour où l'on annonce dans Paris la mort du

(1) Ludovic Sciout, *Le Directoire*, t. I, p. 228.

Dauphin au Temple. Thérésia est-elle au courant des secrets desseins de son mari? Peut-être, mais tout en elle, origine, éducation, goûts, ambition, la portent à les voir d'un œil favorable. Cette fleur transplantée dans la rude glaise révolutionnaire aspire toujours à retrouver son terroir d'aristocratie.

Tallien consacre à l'agiotage tout le temps que lui laissent ses menées sourdes. C'est un habitué de ce Perron aux marches usées et disjointes qui est, à l'extrémité de la rue Vivienne, le rendez-vous des spéculateurs. Il trafique des fournitures, des blés, des biens nationaux, d'assignats, prostitue son mandat dans les affaires les plus véreuses, cherche à s'insinuer dans toutes les entreprises financières d'importance, finit par s'affilier à une société de fournitures et subsistances militaires, la Compagnie Ouen, sise rue Taranne. Il lui faut de l'argent. Tous moyens lui sont bons pour s'en procurer. L'argent le hante, l'argent le possède. Rendons-lui cette justice que ce n'est pas uniquement par esprit de cupidité, mais beaucoup pour subvenir aux dépenses écrasantes de sa femme, à ses toilettes fabuleusement coûteuses, aux fêtes somptueuses qu'elle donne à la Chaumière.

La Chaumière, c'est le nouveau temple où l'on vient adorer la beauté de Thérésia. Elle s'est installée le soir même de son mariage dans cette maison qui faisait partie de sa dot et à laquelle elle a fait donner un travestissement d'opéra-comique, dans le goût des dernières années de la monarchie. Mlle Raucourt l'avait habitée. C'était à Chaillot, au fond des Champs-Elysées, alors solitaires, envahis par l'herbe et tout juste habités par des jardiniers, des vignerons, des blanchisseuses. La Chaumière s'élevait à l'extrémité d'une étroite avenue si écartée, si paisible qu'elle avait reçu le nom d'allée des Veuves, après avoir porté celui d'allée des Soupirs. (1) « Elle est réellement convenable aux veuves qui éprouvent un véritable chagrin d'avoir perdu leur époux, » écrivait encore la Tynna en 1812. Cachée par un massif de peupliers et de lilas, recouverte d'un chaume moussu, bientôt habillée de fleurs jusqu'au toit, la nouvelle habitation de Thérésia avait été peinte à l'huile comme un décor. On y avait simulé des pierres usées, des briques dégradées, des charpentes vermoulues. C'était dans ce lointain désert des Champs-Elysées un oasis d'élégance et de plaisir que Thérésia mit à la mode et où elle sut malgré l'hiver et la distance, faire immédiatement accourir tout Paris.

Pénétrons-y un soir de réception. Les salons sont richement meublés à l'antique suivant le goût

(1) Exactement 1, rue des Gourdes, aujourd'hui avenue Montaigne.

du jour et les derniers modèles copiés à Herculanum. Il y a des lampes à trépied, des vases étrusques, des chaises longues à la grecque, des fauteuils d'acajou de forme rigide. Aux murs, des peintures mythologiques s'enlèvent sur des fonds unis. Dans ce décor, Thérésia reçoit une société bizarre et disparate composée des éléments les plus opposés du monde parisien. C'est qu'elle poursuit un but en harmonie avec toute sa conduite depuis Thermidor. Elle reste fidèle à sa vocation bienfaisante et pacificatrice. Elle cherche l'apaisement, la conciliation, la concorde. Aussi, tout en attirant de préférence les députés qui ont entraîné la chute de Robespierre, met-elle en contact chez elle des membres de l'ancienne société, nobles et parlementaires échappés à l'hécatombe, des gens de finance et des gros fournisseurs nouvellement émergés dans la fièvre d'agio, des girondins, des jacobins assagis. Elle tire de leur retraite des femmes de haute distinction qui se voient recherchées et courtisées dans son salon par les maîtres d'aujourd'hui et de demain. A la Chaumière, le passé commence à relever la tête et se rencontre sans choc avec l'avenir.

Voici causant avec animation dans un coin du salon Louvet au large front dégarni, le gros Laguinais aux yeux pétillants sous l'épaisse chevelure, Fréron, visage froid et immobile, Barras bel homme élégant et poseur. Les mots vertu, mœurs, bien public, reviennent sans cesse dans leurs propos. A écouter le langage de ces Catilinas avides et cyniques autant qu'hypocrites on les prendrait pour des Catons. Tallien se joint à eux, peu original dans sa causerie, banal enfileur de phrases qui répète les bons mots des autres, mais parle, parle sans cesse avec ce débit monotone et inextinguible qui l'a fait surnommer *Robinet d'eau tiède.* Des femmes appartenant au monde de l'ancien régime se rapprochent du groupe et flattent habilement ces tout-puissants bavards pour obtenir d'eux la rentrée d'un mari ou d'un frère. (1) Devant un hommage aussi délicat, aussi nouveau, les plus acerbes s'apprivoisent. Ils promettent, s'essaient à des galanteries plus raffinées que celles qui leur sont coutumières, s'ingénient à des compliments, à des fadeurs surprenantes dans ces rudes bouches qui ont si souvent réclamé la mort du haut de la tribune.

Plus loin, voici voltiger autour de l'exquise maîtresse de maison toute la fleur de la jeunesse à la mode. Ce sont ces *inc-oyables* qui singent à l'envi l'irrésistible grasseyement du chanteur Garat. Ils étalent avec une suffisance bruyante leurs ha-

(1) Mme de Staël. *Considérations sur la Révolution Française.*

bits bleus à basques démesurées traînant jusqu'à terre, leurs gilets à larges revers, leurs pantalons jaunes collants, leurs collets verts ou noirs suivant l'usage des chouans, car il commence à être de bon ton d'afficher des sympathies royalistes. Leur tête coiffée *à l'imbécile* émerge de l'énorme cravate noire et du col gigantesque où elle s'engonce, à la façon d'un bouquet. Ils saluent *à la victime* d'un coup sec, comme si la tête allait se détacher sous le choc du couperet. Ils agitent sans repos leurs lorgnons, font cliqueter leurs monceaux de breloques, esquissent des *pas de zéphir,* débitent mille folies et se récrient à l'envi sur les mérites et les charmes de Thérésia: « *Pa-ole d'honneur victimée, cette femme est déli-ante!* » Ce sont ceux qui ont présidé à la destruction de la statue de Marat, qui, au théâtre, forcent les acharnés jacobins Talma, Dugazon, Valcour à réciter des dithyrambes sur le 9 thermidor. Hôtes compromettants, Tallien aimerait autant ne pas les recevoir chez lui. Mais il ne sait rien refuser aux caprices de sa femme qui vont se multipliant à mesure qu'elle se détache davantage de lui.

Regardez-la aller de cercle en cercle, empressée, séductrice qui connaît à fond l'art de plaire mais qu'inspire suffisamment sa naturelle bienveillance. Il y a en elle moins de pénétration et de finesse que de grâce et de facilité, mais elle est admirablement servie par celles-ci. Malgré toutes les péripéties et tous les périls qui ont déjà rempli son existence, elle n'a encore que vingt-et-un ans. Sa beauté rayonne, sa bouche voluptueuse sourit sans effort; ses yeux étincellent de l'éclat du plaisir. Elle a ici tout ce qu'elle aime: succès, hommages, richesse, toilette.

Autour d'elle, les élégantes de l'ancienne aristocratie ont conservé la mise modeste et prudente qu'elles portaient au temps de la Terreur: fichu de linon et robe rayée de couleur éteinte. Leur coiffure *à la victime ou à la sacrifiée,* laissant le cou libre, ne se pare d'aucun ornement. Mais Thérésia a relevé le sceptre tombé de la mode. Elle rend à la toilette tout son empire et s'en fait l'idéale prêtresse. Dans la recherche effrénée de luxe et de plaisir qui commence à gouverner les nouveaux enrichis, une classe a pris une grande influence, celle des artistes. Par eux, le goût de l'antique pénètre dans l'habillement féminin. Après avoir inspiré tant de harangues creuses et de motions déclamatoires, Athènes et Rome inspirent les modèles des couturières. La citoyenne Tallien s'est mise à la tête du mouvement avec passion. Quelle occasion de faire admirer ses épaules marmoréennes, sa poitrine au galbe si pur, ses bras dignes de Praxitèle! Et elle se commande tout un assortiment de robes à la grecque dont certaines coûtent jusqu'à douze mille livres. (1) Ce soir, précisément, elle porte l'indiscret ajustement qui lui sied à merveille et qui va faire fureur: tunique diaphane et sans taille serrée par une ceinture sur le sein, courte par devant pour laisser voir l'adorable petit pied chaussé d'un cothurne, un peu traînante par derrière, la gorge et les bras entièrement à nu. De merveilleux bijoux, des camées de prix étincellent sur sa peau nacrée. Elle prélude déjà à son rôle d'Aphrodite du Directoire.

Elle fait les efforts les plus méritoires pour ramener dans son salon l'urbanité, la sociabilité bannies des mœurs par les fureurs jacobines. Elle s'essaie à corriger de son mieux la grossiéreté courante, le débraillé du monde politique. Ses enchantements font renaître l'union et amènent des ennemis mortels à se serrer la main. Un état-major de jolies femmes l'aide dans cette tâche purificatrice, dans ce nettoyage mondain de la boue et du sang. Au premier rang, il y a la jolie vicomtesse de Beauharnais, Mme de Châteaurenault, femme d'un député de Saône-et-Loire, Mme Rovère, femme d'un député montagnard, Mme de Navailles. Toutefois, ces charmeuses plus avenantes qu'irréprochables, plus aimables que scrupuleuses, n'arri-

(1) Mallet du Pan. *Correspondance avec la Cour de Vienne.*

vent pas à faire renaître cette chose si française que l'ancien régime a emportée dans sa tombe: la conversation. Quelle conversation espérer de ces politiciens sortis pour la plupart de la canaille, de ces fournisseurs aux armées presque tous illettrés, de ces parvenus à manières de poissards, de ces agioteurs qui ont édifié en quelques mois une fortune en papiers?

Aussi cause-t-on fort peu à la Chaumière. Malgré la vogue qu'obtient alors la danse, on n'y danse pas davantage. Mais on y soupe et on y joue très gros jeu, passe-temps qui sont à la portée de tous les esprits. Parfois, on y fait de la musique. On applaudit Desorgues, l'ancien ténor des fêtes de l'Etre suprême, dans le nouvel air en honneur: *Le Réveil du peuple,* chant de triomphe de Thermidor. Les petits jeux ont leur heure, pas très innocents, à la vérité, car le baiser y joue un rôle prépondérant et un soir, un des chefs de la jeunesse dorée, Lacretelle, s'en va ravi d'avoir baisé le bras de la maîtresse de maison, un bras qu'il compare à celui de la Vénus du Capitole. (1) Il arrive ainsi que Thérésia se produit dans ses talents multiples réels ou supposés. Elle n'a pas perdu sa marotte de vouloir briller en tout. Un soir, elle joue de la harpe, de la guitare, du piano-forte, puis te-

(1) Lacretelle, *Dix années d'épreuves*, p. 245.

nant à prouver à ses hôtes qu'aucun art ne lui est étranger, elle se met à déclamer quelques vers du rôle d'Agrippine dans Britannicus. « Ma foi, ma bonne amie, lui dit Merlin de Thionville, vous avez appris le rôle d'Agrippine comme moi celui de Brutus, par instinct. » Tout le monde rit et la citoyenne Tallien en fait autant de la meilleure grâce du monde. (1) Sa vanité ne va pas jusqu'à l'entêtement aveugle et sait à l'occasion se tempérer d'esprit.

Elle est trop heureuse de la renaissance du luxe et du plaisir pour ne pas aller faire admirer sa beauté et son élégance partout où il est possible de se montrer et de se distraire. Elle promène ses hardis déshabillés dans tous les jardins de spectacles si nombreux alors à Paris, à l'Elysée, à Paphos, à Tivoli, à Frascati, à Idalie. Elle va à ce bal des Victimes installé à l'hôtel Richelieu où les femmes viennent, les cheveux coupés, avec un châle rouge et un ruban rouge autour du cou pour rappeler la marque sanglante du couperet. Elle fréquente les petits théâtres licencieux du Palais-Royal. La capitale offre alors le spectacle d'une ville qui renaît à la joie de vivre. Après les affres de la Terreur, on savoure avec ivresse le bonheur de se retrouver vivant et délivré de l'angoisse per-

(1) Tableau de Paris, 18 ventôse an V.

pétuelle. A la folie de tuer succède la folie de vivre. C'est un flot déchaîné de désirs tumultueux, une ruée turbulente au dévergondage. Les anciens palais, les hôtels privés, les jardins vendus à l'encan se sont tous transformés en établissements de plaisir. L'ancien cimetière de Saint-Sulpice est devenu bal public et sur sa porte on peut lire au-dessus de la pieuse inscription latine l'enseigne: *Bal des Zéphirs*. Tous les théâtres sont rouverts De nouveaux se fondent où triomphent le rire et la grivoiserie. L'argent recommence à rouler dans Paris, allant aux marchands ruinés, aux ouvriers sans travail et Thérésia est des premières à donner joyeusement la volée à ses écus. Personne ne thésaurise, mais on agiote sur tout, même sur le divorce. « L'effronterie du luxe, écrit Mallet du Pan, surtout celui de la parure, surpasse à Paris tout ce que les temps de la monarchie offraient en ce genre de plus immoral. » (1) Et cependant, voisinant avec ce joyeux gaspillage, la plus atroce misère règne dans la grande ville. Tous les matins, d'interminables files de femmes et d'enfants attendent, accroupis près de la porte des boulangeries, pour recevoir, en payant, un morceau de pain. Plus de la moitié de la capitale ne se nour-

(1) Mallet du Pan. *Correspondance avec la Cour de Vienne*.

rit que de pommes de terre. Quand on va dîner en ville, il est d'usage d'apporter son pain. Le papier-monnaie ne circule plus et le louis d'or vaut huit cents livres en assignats.

Aussi, les dépenses exagérées, le luxe impudent n'étaient-ils pas sans exciter quelque scandale. La richesse inouïe des parures et des toilettes de Thérésia, l'impudeur de sa mise faisaient crier à l'insolence et à la corruption. On la dénonçait dans les clubs à la fureur populaire. On la présentait comme la protectrice des accapareurs et des aristocrates. Des députés à prétentions austères l'accusaient de vouloir introduire au sein de la vertueuse République des mœurs asiatiques, des magnificences éhontées, dignes de Cléopâtre. Un des premiers, Levasseur (de la Sarthe) s'était ému à la tribune des Jacobins. Il avait demandé à Tallien où il en était « avec la femme d'un émigré du trésorier du roi d'Espagne » et malgré ses explications, Tallien avait été chassé du club. Le 2 janvier 1795, c'est-à-dire huit jours seulement après son mariage, ce fut au sein même de la Convention qu'il lui fallut batailler pour sa nouvelle épouse. Thérésia à la tribune! Quel honneur pour elle! Quelle publicité! Quelle réclame! Soyez sûrs qu'elle en fut ravie et que la lecture du *Moniteur* fit éclore, ce jour-là, son plus beau sourire.

Ce fut un député du nom de Duhein qui dessina l'attaque. « Et nous, qui n'avons pas les trésors de *la Cabarrus* » s'écrie-t-il avec une véhémence indignée. Tallien bondit à la tribune et riposte sur ce ton solennel et déclamatoire d'homélie dont il a le secret: « On a parlé dans cette Assemblée d'une femme... Je n'aurais jamais crv qu'elle dût occuper les délibérations de la Convention nationale. On a parlé de la fille de Cabarrus. Eh bien, je le déclare au milieu de mes collègues, au milieu du peuple qui m'entend, cette femme est ma femme... Je l'ai sauvée à Bordeaux. Ses malheurs et ses vertus me la firent aimer. Arrivée à Paris dans des temps de tyrannie et d'oppression, elle fut persécutée et jetée dans une prison. Un émissaire du tyran lui fut envoyé et lui dit: « Ecrivez que vous avez connu Tallien comme un mauvais citoyen; alors on vous donnera la liberté et un passeport pour aller dans les pays étrangers. » Elle repoussa l'émissaire avec indignation. Voilà pourquoi elle n'est sortie de prison que le 12 thermidor. On a trouvé dans les papiers du tyran une note pour l'envoyer à l'échafaud. Voilà, citoyens, voilà celle qui est ma femme. »

On voit que l'imagination de Tallien n'hésite pas à broder. Mais comment respecterait-il la vérité, puisqu'il ne respecte même pas sa parole?

En juin 1795, la Convention, reprenant ses anciennes habitudes, l'envoie en mission avec son collègue Blad à l'armée de Hoche, dans la presqu'île de Quiberon. La tentative de débarquement des émigrés échoue et une capitulation verbale est d'abord arrêtée avec eux. Tallien l'approuve: « Messieurs, dit-il aux prisonniers, vous serez traités avec toute l'humanité due au malheur. » Puis il part annoncer les événements à la Convention. Il arrive à Paris le 8 thermidor. Thérésia accourt à sa descente de voiture, porteuse d'une terrible nouvelle: le Comité de Salut public est au courant des relations secrètes de son mari avec les royalistes. C'est Siéyès, cette *taupe de la Révolution,* qui en a fourni les preuves découvertes en Hollande. Il faut à tout prix se justifier et cela dès demain, à la séance de la Convention. Justement, l'occasion est bonne, c'est le 9 thermidor, le premier anniversaire de ce jour qui a vu la gloire de Tallien. Une cérémonie doit avoir lieu à l'Assemblée. Le représentant indigne éloignera le danger, en prononçant un réquisitoire foudroyant contre ces royalistes à qui il a promis la vie sauve.

Il n'y manque pas. Dans cette salle tendue de guirlandes de fleurs, où des jeunes filles blanc-vêtues viennent de faire entendre les hymnes de Marie-Joseph Chénier, au milieu des députés en grand costume, il se répand en accusations calomnieuses contre les vaincus. On le voit recommencer le *coup du poignard* qui lui a si bien réussi un an auparavant. Il en brandit un avec force gestes, en déclarant qu'il a été pris sur un des « chevaliers » de Quiberon, qu'une expérience a révélé qu'il était empoisonné et qu'on en a trouvé de semblables sur tous les prisonniers. Cette perfide invention, cet odieux cabotinage porteront leurs fruits. La capitulation sera violée, les promesses oubliées, les émigrés fusillés. Mais qu'importe à Tallien? Il se sent soulagé d'un grand poids, il respire, il va pouvoir faire bonne mine à ses hôtes. Car il donne ce soir même un grand dîner à la Chaumière pour fêter dignement cette date du 9 thermidor qui lui appartient en propre et dont il s'est fait une si prestigieuse auréole.

En femme qui décide parce qu'elle occupe la première place dans le ménage, c'est Thérésia qui a fait les invitations. Elle a convié à ces agapes commémoratives les députés marquants et exagérés de tous les partis. Mais ce sont les girondins et les thermidoriens qui dominent: Boissy d'Anglas, Louvet, Lanjuinais, Fréron, Barras, Rovère... On s'asseoit joyeusement autour de la grande table, revivant par la pensée les terribles émotions de l'année précédente, heureux de se retrouver dans cette atmosphère de vie douce et de chère confortable. Au milieu des convives, la citoyenne Tallien en robe à l'athénienne de linon transparent, sourit avec bonheur, en songeant au chemin parcouru depuis le jour où dans son cachot de la Petite-Force, elle attendait la mort à chaque heure. Le menu est délectable, les mets de premier choix. On est loin de ces minables réceptions de la bourgeoisie moyenne où chaque convive arrive avec un coin de miche sous son bras. Des vins généreux coulent à flot. La conversation bat son plein, nourrie, bruyante. C'est parmi tous ces discoureurs de profession à qui s'arrachera la parole. Sous l'empire des crûs renommés, l'échauffement gagne tout le monde.

Arrive le moment des toasts. Lanjuinais se lève, sa large figure fortement enluminée. Il vide son verre « au 9 Thermidor, aux représentants amis de la liberté qui, dans ce jour mémorable, ont abattu le tyran, et depuis ont renversé la tyrannie. » Tallien continue en buvant « aux députés mis hors la loi sous la tyrannie de l'ancien gouvernement et aux autres victimes de la Terreur. » Neuf autres toasts se succèdent sans interruption. On boit aux armées de la République, aux puissances amies, à la Constitution, à la clémence, à la concorde, voire au général Kosciusko. Le dernier toast est porté au milieu d'acclamations à Tallien, à Hoche et aux vainqueurs de Quiberon. Mais il y a parmi tous ces politiciens bien des nuances diverses. Ce qui enchante les uns choque ou enrage les autres. On se lance des regards de mépris et de colère. Si ça continue, on va finir par se jeter les assiettes à la tête. Mais Thérésia a vu le danger. Elle se lève. Son joli visage enjoué a pris pour une minute une expression de gravité. Avec un sang-froid qui amène instantanément le silence dans la bruyante assemblée, d'un geste harmonieux de son bras nu de déesse, elle lève son verre: « A l'oubli des erreurs, s'écrie-t-elle, au pardon des injures, à la réconciliation de tous les Français! » Au milieu de ce fatras déclamatoire, c'est le premier cri du cœur. C'est la voix de la Bonté parlant par la bouche de la Beauté. L'effet est immédiat. Tous les verres se tendent au bout des bras dans un élan d'enthousiasme: « A Notre-Dame de Thermidor! » (1)

Il ne faut cependant pas s'exagérer l'importance de pareille manifestation. Thérésia a un rôle à soutenir et se garde d'y manquer. Elle s'est promis de rester fidèle à sa vocation de charité, à la réputation d'ange de salut qu'elle s'est faite dans l'opinion publique et dans le monde des salons. Néanmoins, il y a tout lieu de croire que l'exécution des prisonniers de Quiberon dans la prairie de Brech lui causa une sincère douleur. On la vit

(1) *Moniteur* du 10 thermidor an IV. Lettre au chevalier de Pougens.

se lamenter sur son impuissance, sur l'impossibilité de son intervention. Elle pleura son influence perdue et peut-être quelque dépit se mêla-t-il à ces larmes. Elle émut de ses regrets ce Lacretelle qu'elle avait enivré en lui donnant à baiser le grain satiné de son bras et qui ne l'appelait comme tant d'autres soupirants que Notre-Dame de Bon Secours. Mais n'est-ce pas surtout sur elle-même, sur son auréole palissante qu'elle se lamente, quand elle lui confie: « J'allais partir lorsque j'ai vu revenir mon mari effaré et me perçant l'âme par ces mots: Tout est fini! Et voilà que je me dis maintenant: Tout est fini pour moi et pour une influence que les malheureux ont souvent bénie... Attendez-vous à voir tomber sur moi autant de calomnies que naguère il pleuvait de bénédictions, et ceux qui croiront me devoir encore quelque reconnaissance se contenteront de dire: « Pauvre Madame Tallien! » (1)

Au fond, elle n'est point si à plaindre que cela. Elle reste la femme la plus entourée, la plus adulée, la plus puissante de Paris. Cette influence irrésistible qui a subi une atteinte vis-à-vis des victimes politiques, demeure entière dans les autres domaines. Tout ce que la France compte d'hommes d'importance, de talent ou d'avenir passe à la

(1) Lacretelle. *Dix années d'épreuves,* p. 246.

Chaumière. Les politiciens y combinent leurs intrigues. Les fournisseurs y traitent leurs affaires. On y esquisse des spéculations plus ou moins véreuses sur les biens nationaux. Les oisifs s'y rencontrent avec les actifs, les artistes avec les gens de finance, les administrateurs avec les militaires.

Un jour, Barras présenta à la divinité du lieu un jeune chef de brigade d'artillerie à la suite, d'assez mince apparence, au visage pâle et maigre sous de longs cheveux noirs qu'il portait suivant la mode *en oreilles de chien*. Elle fut tout de suite frappée de l'éclat de son regard et malgré la pauvreté que révélait son vieil uniforme usé, elle déploya pour lui encore plus de grâces et d'amabilités qu'à l'ordinaire. De son côté, le nouveau venu sut se montrer des plus galants. Lorsqu'il fut sorti, laissant la compagnie sous une impression favorable à souhait, Mme Tallien répondit à une question de la vicomtesse de Beauharnais que ce militaire d'aspect peu fortuné s'appelait le général Bonaparte. Encouragé par ce bon accueil, intimement persuadé du pouvoir des femmes, il revint souvent dans la coquette habitation du Cours la Reine. Il était gai et savait plaire par d'amusantes trouvailles. Un soir de réception, il fit la joie de la maîtresse de maison, en prenant sa petite main blanche et fine et en lui débitant mille prédictions fantaisistes avec le ton et les manières d'un diseur de bonne aventure. (1)

Sa vie n'était cependant pas facile. Besogneux, réduit aux plus maigres ressources, il prenait ses repas chez une amie de sa mère, Mme Permon, et le plus ardent de ses désirs était de posséder un uniforme moins râpé et des bottes moins éculées. Un soir, il s'ouvrit de ce vœu modeste à Thérésia qu'il savait grande dispensatrice de faveurs et de grâces. Un mot d'elle et toutes les demandes étaient accordées, toutes les difficultés aplanies. Pourquoi ne le dirait-elle pas ce mot à l'intention du si peu fringant Bonaparte? Un arrêté du Comité de Salut Public accordait aux officiers en activité du drap pour l'habit, la redingote, le gilet et la culotte d'uniforme. Mais Bonaparte était *à la suite* et n'avait aucun droit à ces avantages. N'importe, Notre-Dame de Thermidor qui avait opéré tant d'œuvres de salut ne pouvait-elle faire délivrer un coupon de drap? Elle y était toute disposée et ce fut avec sa bonne grâce et son empressement coutumiers qu'elle remit à son ami dans l'embarras une lettre pour M. Lefeuve, ordonnateur de la 17e division. (2) Bonaparte eut immédiatement son uniforme et l'étrenna peut-être

(1) Ouvrard. *Mémoires*, t. I, p. 20.
(2) Ouvrard. *Mémoires*, t. I, p. 21.

à cette journée du 13 vendémiaire qui fut l'aurore de sa fortune. La belle Mme Tallien lui avait porté bonheur. Et la France allait bientôt suivre son exemple en mettant sur les grêles épaules du pauvre officier dénudé le manteau de pourpre des Césars.

CHAPITRE VI

La Lionne du Directoire

Avènement du Directoire. — Le Directeur Barras. — Sa liaison avec Thérésia. — Les réceptions du Luxembourg. — Luxe et excentricités de costume de Mme Tallien. — Les « sans-chemise ». — Libelles et coups d'épingle. — Les « dames pour accompagner » Mme Tallien. — Son intimité avec Mme Bonaparte. — Le 18 fructidor. — Déchéance physique et morale de Tallien. — Il part pour l'Egypte. — Un ambassadeur turc cause une cruelle déconvenue à Thérésia. — Le financier Ouvrard. — Singulier marché passé à Grosbois. — Diane à l'Opéra. — Les fêtes du Raincy. — Les Tuileries fermées à Thérésia. — Retour intempestif de Tallien.

Le 5 brumaire an IV, la République française inaugura son nouveau régime: le Directoire. Ce régime allait se livrer à tous les excès d'une démagogie qui n'a plus d'autre idéal que d'amasser et de jouir. Ce fut le triomphe des appétits et de la corruption. Une étonnante période s'ouvrait tout à la fois d'anarchie, de tyrannie, de dévergondage et de saugrenuité. Toutes les immoralités, touts les bassesses, toutes les folies étaient prêtes à se déchaîner au sein de la société la plus hétérogène et la plus bizarrement constituée. Logiquement, le jacobinisme devait aboutir là.

Le Directoire, c'est le règne de la grossièreté, de l'impudence, des façons de mauvais lieu, l'âge extravagant où les valets trônent à la place des maîtres, où les parvenus fleurent à plein nez la halle ou l'étable, où Mme Angot s'installe dans le salon de la duchesse, où des modes carnavalesques se substituent à l'exquise mesure des costumes de cour. Cynisme et cupidité sont les seuls moteurs politiques. Les partis ne sont plus que des syndicats d'intérêts privés. Et cependant il se dégage de ces quelques années, étrangement hétéroclites et agitées, on ne sait quel parfum de volupté âcre, de coquetterie osée, d'impudeur suggestive. Au seul nom de Directoire, des images s'évoquent en nous d'une grâce troublante et hardie: silhouettes sveltes de merveilleuses, tailles souples de nymphes dans des fourreaux de gaze, chapeaux aux formes abracadabrantes, perruques aux tons dorés, nuages de mousseline transparente, tuniques diaphanes qui déshabillent exquisement, formes sculpturales, chairs neigeuses orgueilleusement étalées. Au milieu de tant de séductions audacieuses, de frivolités provoquantes, de charmes dévêtus, une figure rayonne, souveraine, triomphante, comme la divinité toute puissante qui la régit, comme leur incarnation idéale et adorable: c'est Mme Tallien. Elle règne sur ses contemporains sans avoir les embarras du trône. On l'encense, on l'acclame, on l'envie, on l'imite. Elle est la lionne du Directoire.

Il y a cinq Directeurs au Luxembourg. Mais il en est un qui domine les quatre autres de toute la hauteur de sa belle prestance, de sa vie fastueuse, de l'importance qu'il se donne et qu'il possède effectivement dans la direction des affaires publiques. C'est Barras. Celui-ci cherche à se faire passer pour le véritable maître de la France et il l'est presque. C'est son rôle actif au 9 thermidor et au 13 vendémiaire qui lui a valu cette élévation. Son passé oublié depuis sa volte-face est chargé de rapines et d'atrocités. Il a mitraillé Toulon, pillé les églises de Marseille, rançonné les populations et le Trésor envers qui il est comptable avec son digne ami Fréron d'une somme de huit cent mille francs. Mais tout cela est loin et il faut être aussi stupidement honnête que Cambon pour lui chercher noise à ce sujet. Gentillâtre provençal, il se targue maintenant de son titre de vicomte, affiche des façons fastueuses, une prodigalité royale, mène une vie dissipée et magnifique de grand seigneur. C'est un bel homme d'une quarantaine d'années, à la physionomie régulière et avenante, au teint frais, à l'œil vif, aux lèvres gourmandes et voluptueuses. La présomption et l'audace se lisent dans sa tournure élégante. Il porte avec une aisance parfaite son splendide costume de directeur : grand chapeau à plumes tricolores, col garni de dentelles, habit-manteau nacarat brodé d'or, veste blanche brodée, écharpe bleue frangée d'or, bas de soie blanche, souliers à bouffettes. Tout à la fois affecté et hâbleur, il mêle dans sa faconde méridionale la polissonnerie salée et le madrigal entortillé. Son langage participe du boudoir et de l'estaminet. Mais il trouve parfois le trait aigu, le mot acéré ou joliment troussé. Ce viveur sait assaisonner ses appétits d'une mousse de grâce et d'esprit.

Les cent cinquante mille francs de sa place sont loin de lui suffire. Il les augmente sans scrupule par tous les bénéfices malpropres, tous les tripotages éhontés. C'est par excellence le politique des affaires louches et des pots de vins. Il fait argent de sa situation, trafique de son influence, vend les radiations de la liste des émigrés, spécule sur les expédients financiers et les mesures banqueroutières dans lesquelles va se déshonorer le Directoire. On le voit placer les gens les plus indignes moyennant profit. Pas de combinaison véreuse dont il ne soit. C'est qu'il lui faut pourvoir à ses vices élégants, à ses goûts ruineux. Il aime les femmes et par sa fatuité insolente se fait aimer d'elles. Il se complait à la chère rare, aux fêtes merveilleuses, à l'étalage de la richesse, au bruit fait autour de son nom. Ce fripon exulte d'occuper l'opinion. Il alimente inépuisablement les gazettes de ses réceptions, de ses fantaisies, de ses maîtresses. On le loue, on le vilipende, on le chansonne. Le peuple dit « Barras est roi ». Et Barras règne en effet. Il est le roi de l'époque comme Thérésia en est la reine. N'était-il pas naturel, dès lors, que la belle athénienne tombât aux bras de cet Alcibiade de décadence? Le besoin d'honneurs, le désir de faire parler d'elle la poussaient d'instinct vers les maîtres du moment. Elle avait tous les snobismes, mêmes les pires. L'opinion faisait sa vie et présidait aux sauts de son humeur éternellement changeante. Elle se pliait d'elle-même à tous les caprices du jour, à toutes les fantaisies de la comédie politique. Elle eut un jour celle de devenir la maîtresse de Barras.

Cette nouvelle chute se produisit dans les derniers mois de l'année 1795, peu de temps après ses couches. Elle venait en effet de donner à Tallien une fille qui reçut le nom symbolique de Thermidor. (1) C'était entre eux le dernier rappel, la consécration *in-extremis* de cette journée fameuse à laquelle Tallien avait dû son mariage et sa gloire éphémère. Les souvenirs et les promesses des temps d'épreuve allaient s'enfuir bien loin de Thérésia. Comment conserver de l'attachement

(1) Thermidor-Rose-Thérésia Tallien, plus tard Mme de Narbonne-Pelet.

à ce Tallien qui n'avait pas été capable de se faire nommer Directeur, qui s'était même vu préférer ce ridicule petit bossu de la Réveillière-Lepeaux pour la présidence de la Convention, lors de l'anniversaire du 9 thormidor, et qui n'était plus aujourd'hui qu'un simple député aux Cinq Cents, comme tant d'autres. Barras était de ses amis intimes. Il fréquentait assidûment à la Chaumière et y tenait brillamment les premiers rôles. Connaissant son pouvoir sur les femmes, il s'était mis à faire une cour en règle à la tant désirable maîtresse de maison. Celle-ci avait promptement cédé. A quoi bon résister? Le beau Directeur joignait la jouissance et la fortune à la séduction. Au milieu de cette conquête générale de la richesse et des honneurs par la canaille, il représentait la distinction, les manières élégantes, la galanterie, quelque chose en un mot de cet idéal aristocratique dont, malgré son avatar bordelais, Thérésia avait toujours conservé le goût. Il maniait sans trop d'affectation le ton de l'ancien régime. Ne pouvant recevoir les véritables représentants de la noblesse, il s'entourait de ses déclassés. Ce hobereau improvisé jacobin, puis thermidorien, fleurait un relent d'essence de bergamote et de poudre à la maréchale. Carnot l'a très justement caractérisé en disant: « Il avait tous les vices du Régent sans avoir une seule de ses qualités. »

Dès lors, Thérésia devint la merveille des fêtes du Petit-Luxembourg. Dès qu'elle entre dans les salons au bras de Barras qui se rengorge, tout fier de ce « morceau de roi », un murmure d'admiration court parmi les incroyables en bas chinés et les merveilleuses *vêtues d'un nuage.* Jamais beauté n'a paru plus éclatante et n'a révélé plus complaisamment ses charmes. Une expression douce et bienveillante anime ses traits si purs. L'harmonie parfaite de ses proportions enlève à sa haute taille ce qu'elle pourrait avoir d'anormal ou de disgracieux. Ses cheveux soyeux sont coiffés à la derniere mode, à la Titus, c'est-à-dire bouclés court à la manière antique et encadrant d'une garniture d'ébène sa tête petite, son teint d'un blanc animé sans couleurs apparentes, son cou si mince, si rond et d'un poli ivoirin. Elle porte une robe de mousseline des Indes très ample qui tombe à longs et larges plis autour d'elle, drapé sur des seins au modelé impeccable et libère presque entièrement leurs délicieux contours. Cette robe ne laisse rien à deviner des formes harmonieuses de la belle pécheresse, moulées dans un caleçon de soie couleur de chair. Les manches se rattachent aux épaules par des camées antiques. D'autres camées ferment la ceinture d'or. On dirait d'une déesse descendue de l'Olympe et en effet la toilette a été fidèlement copiée sur une statue grecque.

Un des bras au dessin de neige s'agrémente d'un serpent d'or émaillé de noir dont la tête est faite d'une superbe émeraude. Elle a jeté sur ses admirables épaules un magnifique châle de cachemire rouge, luxe très rare, à cette époque, qui fait mieux ressortir son étonnante blancheur. (1) Elle le fait tourner autour d'elle avec infiniment de grâce et de coquetterie. Ses petits pieds reposent nus sur des sandales à lanières d'or. Des anneaux d'or cerclent ses fines chevilles. A ses orteils rosés brillent des bagues et des diamants. Si quelque curieux s'enquête de ce dernier raffinement de parure, elle déclare sans sourciller que c'est pour masquer la morsure des rats de Bordeaux. Aux révérences, aux saluts saccadés *à la victime*, aux compliments, elle répond par un sourire qui découvre deux rangées de dents éclatantes et ce sourire contient toute la lumière, toute la joie, tout le charme enivrant et triomphal qui peuvent se dégager ici-bas de la Beauté.

Barras s'empresse galamment autour de sa conquête. « Ma belle athénienne, lui dit-il, auprès de qui voulez-vous que je vous conduise? » Elle lui jette un regard enjôleur, se dégage et fait le tour des salons, en vraie maîtresse de maison qui sert un mot aimable à chacun et s'arrête près de celui

(1) Duchesse d'Abrantès. *Salons de Paris*, t. I, p. 279.

qu'elle a intérêt à cajoler. Barras la retrouve en train de se faire faire la cour par Talleyrand: « Eh bien, s'écrie-t-il en plaisantant, qu'est-ce donc que ce tête à tête avec un ministre, ô ma belle athénienne? Voulez-vous le séduire ou gouverner l'empire comme une autre Aspasie? » (1) C'est la comparaison favorite de Barras et elle lui agrée fort, car, suivant le mot de la duchesse d'Abrantès, « il se met par là dans les sandales de Périclès. » Il est d'une prévenance achevée avec son Aspasie et n'hésite pas pour elle devant les largesses les plus royales. En un jour de tendresse plus passionnée, il lui donne un vaste terrain planté de belles futaies qui comprend le quadrilatère aujourd'hui formé par la rue de Babylone, la rue Vaneau, la rue de Varennes et la rue Barbet de Jouy. Là s'élève l'ancienne petite maison d'un galant marquis vendue comme bien national, l'hôtel de Barbançon. Le beau Directeur emmène Mme Tallien le visiter. « Que c'est charmant, s'écrie-t-elle. Il me semble que le bonheur doit habiter ici. » Et lui de répondre, une flamme amoureuse dans les yeux: « Mon cœur, en voici la clef. »

Au Petit-Luxembourg, Mme Tallien trouve la cour la plus nombreuse et la plus adulatrice. C'est d'abord la famille de son amant. Marié, Barras a

(1) Joseph Turquan. *La citoyenne Tallien*, p. 271.

abandonné sa femme à laquelle il ne saurait pourtant reprocher autre chose que son honnêteté. Mais il a amené avec lui le ban et l'arrière-ban de ses parents de Provence pour les associer à sa royauté en simili. Sa cousine, Mme de Montpezat, habite le Luxembourg avec ses trois filles et sa nièce, Mme Janson. Mlle Clémentine de Montpezat a des prétentions au chant et elle se fait entendre impitoyablement, à moins qu'elle ne parle, qu'elle ne jacasse à l'infini, intarissable moulin auquel l'accent du midi n'est pas fait pour prêter des charmes. L'une de ses sœurs, Mme de Malijac, a la funeste manie de faire des vers et, qui plus est, de les lire. La muse du Petit-Luxembourg est digne du milieu où elle sévit. La troisième Montpezat, Mme de Rougeville, n'a heureusement pas de goûts artistiques, mais elles les remplace par un amour immodéré des cancans. Si encore c'étaient des cancans de Paris! Mais ce sont des cancans de Provence, potinages et racontars qui sentent à plein nez l'ail du terroir natal. Une certaine famille de Laguiche y tient une place prépondérante. Du matin au soir, Mme de Rougeville ne cesse de vous assourdir avec M. de Laguiche, Mme de Laguiche, le petit Laguiche, le cocher, le valet de chambre, les oies, les dindons des Laguiche. En vérité, la noblesse qui fait les honneurs des palais de la Nation est totalement dépourvue de distinction et de savoir-faire mondain. Elle rappelle invinciblement les allures de la comtesse d'Escarbagnas et de M. de Pourceaugnac.

Auprès de ces dames, nous voyons le joyeux Laurenceot, l'ami de Barras, et Louis, le secrétaire du Directeur, aussi peu scrupuleux que son patron, car il va jusqu'à voler les bouts de bougie dans les lustres après la fête. Puis voici les habitués de la maison : membres des deux conseils bizarrement affublés d'une robe longue, d'un manteau écarlate et d'une toque de velours bleu, émigrés en perruque poudrée, habit vert et énorme cravate verte; incroyables étriqués dans leur habit bleu, caressant les cadenettes de leurs perruque blonde ou les mains dans les poches d'un pantalon jaune collant qui monte jusqu'aux aisselles; jeunes généraux traînant dans les fourreaux damasquinés de grands sabres déjà glorieux; fournisseurs scandaleusement enrichis par les spéculations et les rapines; chefs d'une anarchie crapuleuse, aristocrates corrompus, gens ruinés qui veulent se refaire, agioteurs prêts à s'enrichir des déconfitures d'autrui, jeunes fats impertinents plus qu'ignares, « car depuis six ou sept ans l'éducation est interrompue ». (1)

Du côté des femmes, c'est d'abord un flot char-

(1) Duchesse d'Albrantès.

mant de « nudités gazées. » Toutes les reines de la mode sont là en fourreaux de mousseline, essaim vaporeux et gazouillant autour de la belle maîtresse du Directeur. Elle grasseyent ainsi qu'il sied à une merveilleuse dernier genre et minaudent à la manière du jour, « la plus mauvaise de toutes. » Il y a là la citoyenne Beauharnais, l'onduleuse créole si exquise de grâce alanguie autour de laquelle ne cesse de tourner le commandant de l'armée de l'intérieur, ce petit Bonaparte, à la figure osseuse et au regard de feu; la citoyenne Hainguerlot que les hommes courtisent et que les femmes craignent pour son esprit cinglant et ses mots à l'emporte-pièce; la citoyenne Hamelin, la jolie mulatresse aux propos canailles, la seule qui puisse rivaliser avec Thérésia pour le lancement des toilettes osées et des perruques mirobolantes; la citoyenne Mailly de Châteaurenault, beauté candide et blonde; la citoyenne Saint-Fargeau, *la fille de la nation;* la citoyenne Chastenay, cette bonne langue; la citoyenne Raguet dont on cite les fabuleuses notes de couturière. Toutes ces belles ne se vêtent que de linon diaphane et d'organdi transparent, car il importe de ménager « des attraits que blesserait la laine. » L'une d'elles a parié, un jour, dans un salon, que tout son costume ne pesait pas deux livres. Elle est passée dans un boudoir voisin et tout son accoutrement exactement pesé n'a pas de beaucoup dépassé le poids d'une livre.

Une autre beauté va bientôt faire sensation au Petit-Luxembourg et son éclat plus réservé sera sur le point d'éclipser celle de la citoyenne Tallien. La nouvelle venue a vingt ans à peine. Sa grâce ingénue et pudique, sa carnation adorablement nacrée, ses petits traits si purs ne se relèvent d'aucun bijou, d'aucune parure. C'est la femme de Récamier, le riche banquier de la Chaussée d'Antin et toute la jeunesse dorée célèbre à l'envi le charme idéal de ses robes blanches toutes simples, de ses coiffures auxquelles suffit un simple ruban. On rencontre aussi aux fêtes de Barras une personne aux traits forts et accusés, aux manières masculines, qui porte assez étrangement un turban vert et une tunique jaune. C'est la femme du ministre de Suède, Mme de Staël, dont les écrits ont déjà fait quelque bruit. Mais qu'elle possède encore d'élégance et de charme, quand on la compare à ces femmes de représentants, de fournisseurs, de financiers, qui font si ridicule figure dans les salons du Directeur! Oh! les visages suant la vulgarité, les fâcheuses mains rouges, les mises grotesques à force de luxe criard, les façons populacières et grossièrement éclaboussantes, les propos de harengères ! Et cependant, Thérésia fait tout ce qu'elle peut pour dégrossir son entourage, pour en relever le ton et pour voir lever au sein de ce monde interlope quelques germes de l'exquise urbanité qui l'a tant séduite au temps où elle était marquise.

Cela ne l'empêche pas de se jeter à corps perdu dans le tourbillon des mœurs nouvelles. On ne voit qu'elle dans les théâtres, les jardins de plaisir, les maisons de jeu. C'est elle qui met Tivoli à la mode. Elle va applaudir à Frascati le beau danseur Trenitz et se plaît à voir s'enlacer amoureusement les couples pour la danse récemment importée d'Allemagne: la *walse.* Elle a sa loge à l'hôtel Thélusson, le nouveau bal public qui est le rendez-vous de toutes les élégances. On la voit aux bals de chez Véry, de Richelieu, de Marbœuf. Elle prend le thé au Pavillon de Hanovre, car le thé est la nouvelle toquade parisienne, le dernier cri, l'engouement du jour. Elle est le plus bel ornement de ce *Cercle des Etrangers* dont les fêtes parées et masquées font fureur. Le jour, son carrosse sang-de-bœuf (1) met sa tache truculente partout où il est de mode de se montrer, au Ranelagh, au Champ de Mars, à Longchamps. C'est la plus fidèle habituée du Petit-Coblentz, de ce cercle en plein air du boulevard Italien où se réunissent les émigrés, les aristocrates, la fleur des mus-

(1) *Le Thé,* juin 1797.

cadins et des merveilleuses. Dans les conversations qu'ils y tiennent, tout en jouant négligemment du lorgnon énorme ou de la ballantine brodée, ces mots frappent sans cesse l'oreille comme un refrain : « Quand le roi reviendra... » Mais dès qu'apparaît Mme Tallien, les propos cessent, les lorgnons se braquent, un murmure flatteur court sous les arbres et les Céladons « à pa-ole numé-ai-e » s'écrient à qui mieux mieux : « Quelle femme cha-mante ! Elle est à fai-e mou-i d'a-mou ! »

Et quelles toilettes au cours de ces promenades ! C'est tout juste si le *schall* ou l'écharpe de rigueur la fait un peu moins dévêtue qu'au bal. Elle vient au Ranelagh habillée en Diane, le buste demi-nu, chaussée de cothurnes et tout juste couverte d'une tunique qui ne dépasse pas le genou. (1) En vaillante reine des merveilleuses qu'elle est, elle brave les intempéries et ne craint pas d'exposer sa chair neigeuse et transparente sur le champ de bataille de la mode. Elle arbore hardiment le costume à la *sauvagesse* qui se compose tout simplement d'une chemise de gaze et d'un pantalon-maillot rose orné de cercles d'or. Ou bien un léger voile de crêpe noir laisse transparaître ses formes de déesse et fait mieux ressortir les lys et les roses

(1) Duc Victor de Boglie, *Souvenirs*, t. I, p. 23.

de ses merveilleux appas. Mais c'est encore être trop vêtue. Il faut révéler à ce public curieux et haletant l'admirable dessin d'une jambe et d'une cuisse de statue. Mme Tallien va lancer les robes fendues. Sous le vain prétexte de rendre la marche plus facile, on pratiquera sur le côté gauche de l'étoffe une large échancrure montant jusqu'à la hanche. Par cette ouverture indiscrète, la jambe apparaît, marmoréenne, gardée des ardeurs du soleil par le maillot couleur de chair. Le cou est nu, les bras sont nus, les seins nus pointent fermes et provoquants. Des bijoux splendides scintillent partout sur cet étalage de blancheurs. Et M. de Talleyrand qui passe glisse à l'oreille d'un muscadin : « On ne peut être plus richement déshabillée. »

Certes, le costume est léger et pourtant on lui trouve encore une gêne : la chemise. Elle tient encore trop de place, fait des plis désagréables et disgracieux. On en imagine une quasi impondérable dite *à la carthaginoise*. Mais c'est toujours trop, paraît-il, car Mme Tallien la supprime purement et simplement. Ses fidèles imitatrices, Mme Hamelin, Mme Hainguerlot, Mme Raguet et leurs émules ne sont pas longues à adopter le même parti. Elles ne portent plus sur leurs corps suaves que l'organdi de la tunique et le corset-ceinture haut de deux doigts à peine et enrichi de brillants. Ce sont les *Sans-chemise* dont tout Paris s'occupe autant que des victoires de l'armée d'Italie, les Sans-chemise qui reposent si agréablement des sans-culottes, qui sèment partout sur leur passage les désirs fougueux et ne font guère de façons pour les contenter. Madame Tallien est leur grande prêtresse incontestée.

Elle règne aussi sur les perruques, les perruques que la réaction a remises à la mode. Abhorrées et proscrites par les Jacobins, elles ont triomphé après Thermidor et sont devenues le symbole des sentiments contre-révolutionnaires. Une perruque doit maintenant faire rigoureusement partie d'un trousseau. Le blond est surtout recherché, mais bientôt le brun lui dispute son succès. Une femme brune doit porter perruque blonde, une femme blonde perruque brune. Puis il devient suprêmement élégant d'être blonde un jour et brune le lendemain. Ainsi fait Thérésia. Elle possède plus de trente perruques allant du *blond naissant* au *blond d'épi mûr,* sans compter les brunes. Il en est parmi elles qui coûtent jusqu'à 8 et 10.000 francs en assignats, c'est-à-dire 150 ou 200 francs en argent. (1) Et pourtant quand la mode des perruques passera, la belle maîtresse de Barras ne la regrettera guère, tout heureuse de

(1) Duchesse d'Abrantès. *Mémoires,* t. I, p. 238.

remontrer ses magnifiques cheveux noirs frisottés à l'antique dans un réseau d'or ou coupés près de la racine avec de longues mèches en désordre sur le front, à la Titus.

Mais toutes ces excentricités de mise, toutes ces folies de toilette ne vont pas sans exciter de violentes colères. La misère s'accentue dans la population de la capitale. Le carrosse de Thérésia croise souvent des femmes en haillons portant sur leurs bras des enfants hâves et chétifs. Au Petit-Coblentz, les élégants désœuvrés qui causent sentiment avec des gestes de colombes énamourées sont souvent importunés par des mendiants faméliques. On murmure contre les dépenses inouïes de Mme Tallien, contre la fastueuse impudeur de sa mise. Il lui arrive de voir une foule hostile s'ameuter sur son passage, de recevoir des insultes, des pierres même, et, un jour, l'intervention d'un député la sauve à propos d'un groupe d'habitants des faubourgs qui gronde et menace. On se rappelle que le nom qu'elle porte s'est sinistrement illustré sous la Terreur. Par esprit de vengeance, la rancune populaire fouille son passé et celui de Tallien.

Au début de la glorieuse annee 1797, le général Junot apporte triomphalement au sein du Directoire les drapeaux conquis en Italie par l'armée de Bonaparte. Une cérémonie pompeuse a été organisée à cette occasion. Mme Tallien y va avec son amie Mme Bonaparte et on les installe aux places d'honneur. En sortant, Junot offre le bras à la femme de son chef, la gracieuse Joséphine, qui a droit, ce jour-là, au premier pas. Mais il donne l'autre à Mme Tallien et descend, aussi délicieusement escorté, l'escalier du Luxembourg. Une foule immense bat les marches. Des acclamations partent de tous côtés.

— Vive le général Bonaparte ! crie l'un.

— Vive la citoyenne Bonaparte! lance un autre. Elle est bonne pour le pauvre monde!

— Oui, déclare une grosse femme de la halle, c'est bien Notre-Dame des Victoires, celle-là!

— Tu as raison, dit une autre. Mais regarde à l'autre bras de 'officier, c'est Notre-Dame de Septembre (1).

Le mot était aussi atroce qu'injuste. Il n'y avait aucune raison de faire partager à la femme de Tallien la sanglante responsabilité qu'il avait encourue dans les massacres de Septembre. Mais le peuple enfin libéré du joug jacobin s'irritait de l'étalage insolent d'une richesse dont il faisait remonter la source aux jours les plus sombres des années rouges. Pauvre Thérésia! sa carrière d'ange de salut tombait dans un oubli immérité. La

(1) Duchesse d'Abrantès. *Mémoires*, t. I, p. 52.

crainte, le besoin de protection lui avaient mérité le nom, quelque peu hyperbolique et impropre à l'amorale qu'elle était, de Notre-Dame-de Thermidor. L'envie et les ressentiments inapaisés la rejetaient à l'épithète sanglante de Notre-Dame de Septembre.

Et le peuple n'était pas seul à imposer à son beau front ce sceau d'indignité. Des membres de l'aristocratie s'écartaient d'elle, perdant trop de vue les existences arrachées à la guillotine bordelaise. Une émigrée récemment rentrée, Mme de Damas, se trouvant, un soir, avec M. d'Hautefort à une réunion de l'hôtel Thélusson, demanda quelle était la belle personne qui venait d'entrer dans le salon et vers laquelle s'était précipité aussitôt l'essaim bourdonnant des incroyables.

— Mais c'est Mme Tallien, répondit M. d'Hautefort.

— Mme Tallien! ah! mon Dieu, pourquoi m'avez-vous amenée ici !

Et elle s'éloigna avec un mépris évident de la séduisante irrégulière.

Le pis était que les petits journaux faisaient chorus et s'en donnaient à cœur joie. Thérésia qui aspirait si voluptueusement l'encens de la publicité devait aussi s'abreuver de l'amertume qu'elle tient en réserve. Pas de renommée sans médisances, pas de célébrité sans brocards. La royauté de la beauté, comme l'autre, est tempérée par des chansons, des bons mots, des lazzis. La citoyenne Tallien met le comble à sa gloire en inspirant des libelles qui la déchirent. Le plus grossier de tous lui reproche « ses diamants aux pattes de devant et aux pattes de derrière » et déclare vertement: « Non, la prostituée de la rue du Pélican ou de la rue Jean-Saint-Denis, celle de la Grève, celle du quartier Saint-Martin ne sont pas plus coupables que toi. (1) » On raconte dans les feuilles à potins qu'un échappé de Coblentz a attaché au dos de l'irrésistible citoyenne une pancarte avec ces mots: *Respect aux propriétés nationales.* (2) On colporte qu'elle a demandé à un incroyable qui écarquille les yeux devant sa moisson de diamants: « Qu'avez-vous à me considérer? » et que l'autre a répondu: « Je ne vous considère pas, madame, j'examine les diamants de la couronne. » (3) On se répète un soi-disant mot de son ancien mari Fontenay, au moment de leur divorce. Il aurait refusé de lui rendre une parure à laquelle elle tenait beaucoup et, comme elle lui en demandait la raison, il aurait impertinemment répondu : « C'est, madame, pour vous l'offrir, quand vous serez ma maîtresse. » (4) Il n'est pas

(1) *Lettre du Diable à la plus grande p..... de Paris. La Reconnaissez-vous ?*
(2) *Rapsodies,* 5ᵉ trimestre.
(3) *Petite poste,* nivôse an V.
(4) *Rapsodies,* 5ᵉ trimestre.

jusqu'à Barras qu'on ne mette en jeu pour la persécuter. N'aurait-il pas demandé en la voyant un soir au Luxembourg: « Quelle est donc cette femme ? » (1)

Son physique adorable n'arrive pas lui-même à s'épargner les traits empoisonnés. On raille impitoyablement ce nez un peu moins parfait que le reste qui lui a occasionné toute sa vie son seul chagrin durable. Un journaliste écrit: « C'est une belle femme que cette Thérésia. Et quelle preuve plus sûre que l'obstination de nos dames de la rue Feydeau à dire qu'elle est laide et que celle de nos plus aimables chouans à la trouver charmante en dépit de toutes les mauvaises plaisanteries de la haine et de l'envie sur son nez qui, dans le fait, n'est pas très beau? Mais à cela près de ce vilain nez, sa figure ne mérite que des éloges et l'on doit admirer la richesse de sa taille et la beauté de son bras qui n'a d'autre tort que de se faire voir trop souvent. Ici doivent s'arrêter mes pinceaux: ceux qui voudront en savoir davantage, peuvent s'adresser en Allemagne à M. de Fontenay, ci-devant conseiller au Parlement de Paris; en Suisse à MM. de Lameth; en Angleterre à M. d'Aiguillon; et en France à M. Félix Lepelletier de St-Fargeau, dit Blondinet, frère du panthéonisé. » (2)

(1) *Le Thé,* juillet 1797.
(2 *Tableau de Paris*, 8 mars 1796 (18 ventose an IV).

Habituée de la flatterie et du dithyrambe, Mme Tallien souffrait de ces coups d'épingle, mais n'en continuait pas moins à les braver. Bien loin de diminuer son luxe, elle assiège de ses commandes Mme Nancy et Mme Raimbaut, ces couturières idéales qui demandent conseil aux artistes pour leurs créations à l'antique. La voilà qui arbore avec ravissement les nouvelles excentricités des merveilleuses : chapeau hussard, chapeau jockey ou haut édifice emplumé, large cravate au-dessus des seins nus, corsage microscopique, mince jupon plaquant couleur *fifi pâle effarouché*. Et quelles étonnantes tenues d'amazone, quand elle chevauche au bois de Boulogne son pur-sang anglais et que tout le monde s'arrête pour la voir ! (1) Ses journées se passent à toutes les futilités du jour. Elle sort de chez les glaciers du boulevard Italien pour aller aux courses alors très en vogue ou pour assister aux cérémonies des théophilanthropes dans la ci-devant église Saint-Sulpice où des choristes blanc-vêtus chantent des hymnes naturistes autour d'un autel en trépied. Mais elle n'aime pas la solitude et, qu'elle soit à pied, à cheval, en carrosse ou en *soket*, cette nouvelle voiture d'une légèreté « à porter le zéphyr », elle a toujours à ses côtés des femmes jeunes, élégantes et polies, sans cependant que leur beauté

(1) *Souvenirs de la baronne de Montet.*

puisse porter ombrage à la sienne. Ce sont ses « dames pour accompagner. »

N'est-ce point naturel? Reine de son temps, Thérésia doit avoir des dames d'honneur. Elle les choisit dans les rangs de cette ancienne aristocratie qui lui a toujours inspiré une profonde admiration et un ardent désir de rapprochement. Naturellement, elle en recueille surtout les déclassées. Mais elle ne s'attarde pas à de telles nuances. Les particules l'impressionnent, les titres l'éblouissent. Et la voilà toute fière de se voir escortée par une troupe d'intrigantes trop heureuses de bénéficier de son crédit et d'obtenir par elle des restitutions de biens, des places, des affaires lucratives pour leurs amis. Ce sont surtout Mmes de Beauharnais, de Châteaurenault, de Navailles, de Puységur, la grande et déterminée Mme de Contades, la grosse Mme de Chauvelin, Mlle de Fleurien, fille adultérine du mari de Mme de Pompadour et d'une comédienne, cette virago de Clotilde de Forbin qui, laissée par Barras, l'a menacé d'ameuter le faubourg Saint-Antoine pour le garder de force, cette peste de Mme de Beaumont, Mmes de Noailles, de Listenay, de Grandmaison, de Brancas, de Gervasio, de Croiseuil, de Vigny, de Morlaix. Ce pimpant état-major convient à merveille à la maîtresse du Directeur, car il est comme elle ami de la parure et des plaisirs, ne se refusant pas les plus scabreux et ne sachant se refuser davantage au caprice de ses contemporains.

Mais parmi toutes ces sémillantes accompagneresses, il en est une avec qui Mme Tallien entretient une amitié plus étroite, c'est Mme de Beauharnais, bientôt Mme Bonaparte. Ce n'est cependant un mystère pour personne qu'elle est sa rivale, car elle a accordé, peu après elle, ses faveurs à l'insatiable Barras. Mais Thérésia sait que le désir de s'élever a seul présidé à sa chute. Elle n'a été comme la sienne qu'un calcul d'ambition. Ni l'une ni 'autre n'aiment Barras d'amour et, par conséquent, la jalousie ne saurait trouver place en leurs cœurs. Au lieu d'employer leurs efforts l'une contre l'autre, elles les unissent pour gouverner l'amant commun, assurer leur empire et triompher des concurrentes. Certaines similitudes de caractère les conduisent vite à une sympathie ardente et sincère. Bientôt, elles ne se quittent plus et vont jusqu'à s'habiller des mêmes nuances. A propos d'une soirée de gala à l'hôtel Thélusson, Joséphine écrit à son amie de ne pas manquer de venir comme elle avec un dessous fleur-de-pêcher. Elles mettront aussi un mouchoir rouge noué à la créole avec trois crochets aux tempes. « Ce qui est naturel pour vous et bien hardi pour moi, ajoute-t-elle, vous plus jeune, peut-être pas plus jolie, mais incomparablement plus fraîche. Il s'agit d'éclipser et de désespérer des rivales. C'est un coup de parti. » (1)

On choisit Mme de Beauharnais pour marraine de la petite Thermidor Tallien et elle lui donne parmi ses prénoms ce nom de Rose dont l'appellent ses amis jusqu'au jour où devenue Mme Bonaparte, elle adoptera celui de Joséphine. Tallien connaît fort bien celui qu'elle va épouser, ce petit officier de fortune qui, suivant l'expression du notaire Raguideau, ne possède que la cape et l'épée, en attendant l'heure prodigieuse où la cape deviendra le manteau de pourpre semé d'abeilles d'or. C'est lui qui l'a recommandé à Barras avant Vendémiaire. Avec le même Barras, il sert de témoin à son mariage, à cette formalité purement laïque accomplie à dix heures du soir à l'hôtel de Mondragon devenu la mairie du IIe arrondissement, et pour laquelle le marié se fit attendre deux grandes heures (2). Ah ! c'est que le commandant de l'armée de l'Intérieur est l'hom-

(1) *Mémoires et correspondance de l'impératrice Joséphine,* p. 170.

(2) « Paul Barras, membre du Directoire exécutif, domicilié au palais du Luxembourg et Jean-Lambert Tallien membre du Corps législatif, domicilié à Chaillot. » (Acte de mariage de Napoléon et de Joséphine.) Cet acte étrange vieillit le marié de dix-huit mois et lui donne Paris comme lieu de naissance, tandis qu'il rajeunit la mariée de quatre ans.

e le plus occupé de Paris, qu'il tient à tout voir, tout faire par lui-même. Il n'a pas oublié celle ui lui a fait donner son uniforme neuf. Depuis e jour, une cordiale intimité s'est établie entre ux. Plus d'une fois, il l'a invitée à de plantureux îners avec quelques-unes de ses « dames pour ccompagner » et notamment celle qu'il épouse ujourd'hui (1). Peut-être s'éprit-il de la belle Espagnole et lui demanda-t-il autre chose que l'amiié ? Peut-être se vit-il éconduire avec cette grâce aimable qu'elle mettait jusque dans ses refus ? (2) En tous cas, il ne lui en tint pas rancune, et il conserva avec elle un ton de camaraderie nuancé du galant empressement auquel obligeait l'exquise beauté de la jeune femme. Au moment de partir prendre le commandement de l'armée d'Italie, il terminait une lettre à Barras par ces mots : « Un petit baiser à Mmes Tallien et Châteaurenault, à la première sur la bouche, à la seconde sur la joue. » (3) Ceci nous prouve que Barras n'était pas jaloux. Mais la jalousie n'était pas de mise à cette époque de franches lippées amoureuses et les mœurs du jour en avaient vu bien d'autres.

(1) Bourrienne, *Mémoires*, t. I, p. 82.
(2) Barras. *Mémoires*.
(3) Lettre citée par M. Joseph Turquan dans son ouvrage *Napoléon amoureux*, p. 55.

Quelles que fussent les attaques contre Mme Tallien et les dédains de certaines femmes à son égard, tout Paris n'en continuait pas moins d'accourir à la Chaumière, puis dans sa nouvelle habitation, au numéro 21 de la Chaussée d'Antin, en face de la maison où était mort Mirabeau. Ces réceptions amenaient toujours la même société mélangée et réfractaire à la plus élémentaire réserve. On cancanait, on coquetait, on se faisait la cour, on prenait le thé. L'art faisait parfois une timide apparition. L'accorte et piquante Dugazon soupirait les cantabiles de Paësiello. Le fameux Garat, en habit bleu barbeau et culotte de soie nankin, des diamants scintillant sur toute sa personne, faisait pâmer l'auditoire avec la romance à la mode : *Femme sensible.* Une dame écorchait de la harpe. La maîtresse de maison, toujours avide d'applaudissements et sûre de sa légèreté et de sa grâce, exécutait la *danse du schall* avec l'adorable Mme Récamier et ses deux rivaux dans l'art de Terpsichore qu'étaient Trenitz et Despréaux. Avec quel charme troublant, quelles inflexions souples de buste, quelle mimique irrésistible, elle agitait, déployait, faisait tourner en mesure son magnifique cachemire rouge des Indes ! Un ami de la maison, le graveur Duplessis-Bertaut, la portraiturait dans une de ces attitudes exquises. Un autre artiste, Isabey, la peignait en Diane au bain. Au Salon de

1796, un nouveau portrait la montra dans son cachot tenant dans ses mains ses cheveux qu'on vient de couper. La calomnie ne devait pas laisser échapper l'occasion. Des malintentionnés firent une atroce allusion aux journées de septembre, en disant que ce cachot et ces cheveux n'étaient autres que ceux de la princesse de Lamballe (1).

Mais on ne se livrait pas uniquement au plaisir dans le salon de Mme Tallien. On y intriguait, on y conspirait même. Nul n'ignorait que son mari avait noué les intelligences les plus étroites avec la cour d'Espagne, et elle-même ne faisait pas mystère de sa grande intimité avec l'ambassadeur de cette puissance, le marquis del Campo. On savait qu'à la suite d'une correspondance active et régulière avec un ministre espagnol, le duc d'Alendia, l'ancien président de la Convention avait fait rendre à son beau-père Cabarrus tous ses honneurs, sa place, sa fortune et même des indemnités. On parla de conciliabules nocturnes dans l'hôtel de la chaussée d'Antin. Thérésia elle-même fut soupçonnée. On l'accusa de négocier avec Barras et le duc d'Alendia pour donner la couronne de France au roi d'Espagne. (2) Ce

(1) *Critique du Salon,* rédigée par MM. Villiers et Capelle.

(2) Mallet du Pan. *Correspondance avec la Cour de Vienne,* t. III, p. 10.

qui accréditait ces bruits, c'était l'isolement des frères de Louis XVI, leur vagabondage de pays en pays et la paix avec l'Espagne obtenue, disait-on, par la seule influence de Tallien. N'avait-il pas cherché depuis, ainsi que sa femme, à faire nommer Cabarrus ambassadeur d'Espagne à Paris ? Il est certain que notre représentant à Madrid, le général Pérignon, fit une démarche auprès du Gouvernement de Charles IV à ce sujet, « en l'assurant que le Directoire verrait avec plaisir le père de Mme Tallien représentant l'Espagne à Paris. » Mais cette singulière combinaison ne fut pas acceptée à l'Escurial. Il ne faut la regretter ni pour la France ni pour l'Espagne, la spéculation financière y ayant tenu plus de place que le patriotisme.

Tallien trouvait dans l'intrigue son élément naturel. Echouait-il dans ses négociations avec le comte de Lille (Louis XVIII), il pensait aussitôt à travailler pour le duc d'Orléans. Un complot était-il en train de se former avec quelque chance de réussite au sein du Gouvernement, il ne manquait pas d'offrir ses services. Comment n'eût-il pas soutenu Barras dans ce coup d'État du 18 fructidor 1797, qui expulsa par la force un grand nombre de représentants suspects de royalisme ou de modérantisme, et qui fit déporter aux plages meurtrières de la Guyane des directeurs, des députés, des journalistes ? De nombreux entretiens préparatoires eurent lieu dans l'appartement de Thérésia et, à coup sûr, elle poussa son amant à l'action. Ne devait-il pas grandir après cette brutale opération et se retrouver seul maître de la France ? Son ambitieuse maîtresse soupirait ardemment après un aussi grandiose résultat. On se répétait un mot d'elle, entendu, très peu de temps auparavant, après un dîner chez Barras, tandis que les convives se dispersaient dans le jardin, leurs tasses de café à la main : « C'est une belle position, avait-elle dit, que celle de Directeur, mais, à mon avis, il ne devrait y en avoir qu'un. » (1)

Heureusement, chez la femme avide d'honneurs et d'élévation, le cœur compatissant continuait de veiller. Sous son inspiration toujours bouillante de zèle, elle allait intercéder pour les victimes de ce même coup de force du 18 fructidor auquel elle avait poussé. Ce fut comme l'épilogue de sa carrière charitable. Une nuit, de violents coups frappés à sa porte la réveillent en sursaut. Elle ordonne d'ouvrir. C'st Mme de Staël, toute troublée, qui s'excuse de venir à cette heure indue. Mais il n'y a pas une minute à perdre. Deux jeunes hommes de lettres, deux amis d'elles, M. de Lacretelle

(1) *Mémoires sur Carnot par son fils*, t. II, p. 118.

et M. de Norvins, viennent d'être mis sous les verrous. Ils seront déportés avec tous les autres, si l'on n'arrache pas, cette nuit même, à Barras, les moyens de les sauver. Thérésia ne balance pas une seconde. Elle s'habille en hâte et saute dans la voiture de Mme de Staël, sans avoir pris le temps de coiffer ses beaux cheveux épars. On arrive au Luxembourg. La belle imploratrice insiste de telle sorte qu'elle se fait introduire auprès de son tout puissant amant qui résiste tout d'abord, mais finit par lui accorder ce qu'elle demande. Radieuse, elle rejoint Mme de Staël qui attend, pleine d'anxiété, dans la voiture. « Ils sont sauvés ! » s'écrie-t-elle. Comment s'étonner, après ce joli geste de dévouement, que ce Lacretelle, déjà subjugué par un baiser pris sur le plus délicieux des bras, ait célébré dans ses ouvrages la bonté et les mérites infinis de Notre-Dame de Bon-Secours ? (1)

Sans doute, sous l'impulsion de sa femme, Tallien afficha lui-même la générosité et la clémence. En sortant d'une séance des Cinq-Cents où l'on avait condamné plusieurs députés à la déportation, il lui arriva d'en rencontrer plusieurs dans un salon. « Ne vous troublez pas, dit-il. Ici,

(1) J. de Norvins, *Mémorial*, t. II, p. 139. — Lacretelle. *Dix années d'épreuves*, p. 327.

je ne suis plus représentant du peuple, je ne vois que des amis victimes d'opinions politiques. » Il leur offrit même un refuge et de l'argent, secours qui ne furent point acceptés, car Tallien était tombé aussi bas que possible dans l'opinion publique aussi bien que dans les sphères politiques. Son influence était désormais réduite à zéro. Il ne trouvait plus confiance ni crédit. Il était irréparablement taré, brûlé, fini. Un des premiers parmi ces hommes de la Révolution qui, après avoir joué un rôle trop grand pour leur taille, demeurèrent flasques, vides et comme effarés de l'effrayant pouvoir que le hasard avait fait tomber dans leurs mains, Tallien n'était plus qu'une chétive épave ballottée, désemparée, flottant au gré de tous les vents et de tous les courants, sans boussole et sans gouvernail. Les maîtres de l'heure le dédaignaient et les événements se déroulaient sans lui.

Et puis, la maladie, l'inconduite de sa femme, son abandon lui enlevaient le peu d'énergie qui aurait pu le soutenir. Son visage plein et régulier s'était précocement tiré et creusé. Une toux sèche secouait sans cesse sa poitrine et il avait de terribles crachements de sang. Le moral était pour beaucoup au fond de cette déchéance physique. Bien qu'il le cachât soigneusement à tous, Tallien souffrait cruellement de voir cette Thérésia tant aimée se jouer de lui, le repousser comme un objet hors d'usage et s'afficher sans retenue au bras d'un autre. Quelle revanche de l'odieux marché de Bordeaux ! et comme il se voyait piteux et impuissant, lui qui avait conquis par la crainte. Pourtant à de certaines heures, son irritation trop longtemps contenue se faisait furieusement jour. Il avait avec sa femme des scènes terribles au sujet de Barras. Elles lui occasionnaient souvent des crises dangereuses qui menaçaient de l'emporter. Affolée par une explication plus violente encore que les autres, Mme Tallien se résolut à divorcer et fit rédiger sa demande par le citoyen Dufour, homme de loi. (1) Mais les pourparlers engagés ramenèrent un peu de calme dans le ménage et la tentative resta sans issue.

Tombé de bassesse en bassesse au rôle de mari

(1) Voici le début de cette pièce : « L'an cinq de la République Française une et indivisible et le 18e jour de ventose, à la requête de la citoyenne Thérésia Cabarrus, épouse de Jean-Lambert Tallien, demeurant à Chaillot, rue des Gourdes, n° 1, près la Barrière de la Conférence, pour laquelle domicile est élu en la demeure du citoyen Dufour, homme de loi, sise à Paris, rue Montmartre, près celle du Jour, n° 284, j'ai, Jean Barbier, huissier, demeurant à Paris,rue de la Lingerie, signifié au citoyen Jean-Lambert Tallien que ladite citoyenne Cabarrus provoque son divorce d'avec ledit Jean-Lambert Tallien, actuellement son époux, pour cause d'incompatibilité d'humeur. »

(Communiqué par M. Laguerre, ancien député de Paris, à M. Pétrus Durel et publié par celui-ci dans un article intitulé : « Madame Tallien »,paru dans le *Monde Illustré* du 1er février 1908.

complaisant, Tallien ne semblait pas en vouloir à son rival. Il lui parlait toujours « avec le ton et l'extérieur de l'amitié, mais son esprit était pénétré d'amertume ». (1) Avec cela, les progrès de l'esprit réactionnaire lui avaient valu une énorme impopularité. On oubliait le libérateur de thermidor pour ne se souvenir que du bourreau de septembre.

On lui décochait de féroces épigrammes dans le goût de celle-ci :

Tallien dit à son médecin :
« Ma foi, je crains fort pour ma vie ;
Je pourrais bien quelque matin,
Périr de cette hémorragie.
— Vous plaisantez, bah ! ce n'est rien,
Dit le docteur avec malice ;
Moi, je trouve que c'est un bien ;
De vos humeurs, cela purge le vice.
Et quand on a bu tant de sang,
Entre nous, n'est-ce pas enfant
De s'étonner qu'on en vomisse ?

Les élections de l'an VI vinrent augmenter cette disgrâce. Tallien avait bien été réélu dans deux départements, mais le Directoire cassa la double élection. Que devenir ? Ignorant, paresseux et présomptueux comme il l'était, Tallien était incapable de se frayer une voie hors de la politique. Et puis, à tous ses déboires se joignaient des embarras d'argent. Sa situation était très obérée ; il était cousu de dettes. Bien loin de trou-

(1) Mme de Chastenay, *Mémoires*, t. I, p. 362.

ver de quoi les payer, il se voyait privé de ses vingt-huit livres par jour de représentant, sans compter les indemnités en nature, huile, sucre, riz, drap, toile, (1) que les deux conseils se votaient périodiquement. Cette pénurie rendait sa vie plus intolérable encore. Dans son triste ménage à vau-l'eau les scènes d'argent succédaient aux scènes de jalousie. Et quel rôle difficile à soutenir avec dignité que celui de mari de la maîtresse d'un des plus importants personnages de la République ! Comme il se sentait prêt à fuir, pour trouver n'importe où une place qui lui permît de vivoter tranquillement!

Seulement à qui s'adresser? Vis-à-vis de lui, son faux ami Barras n'était plus bon qu'à le couvrir de ridicule. Mais le temps avait marché depuis que Tallien avait recommandé au beau Directeur ce petit général Bonaparte qui avait si bien mitraillé les royalistes, en Vendémiaire, sur les marches de Saint-Roch. Le 5 décembre 1797, Bonaparte, traînant après lui la formidable gloire accumulée en Italie, était rentré dans sa petite maison de la rue Chantereine immédiatement baptisée rue de la Victoire par le corps municipal. Il était l'homme du jour, celui dont on mendiait la faveur, dont on attendait des grâces. Fallait-il

(1) La Réveillère-Lepeaux, *Mémoires*, t. I, p. 214.

donc que Tallien, l'ancien proconsul tout puissant, l'homme qui avait présidé la Convention à vingt-cinq ans, le protagoniste tant adulé de Thermidor, allât demander protection à celui qu'il avait protégé deux ans auparavant! Il y alla et fut trop heureux d'obtenir la promesse d'une modeste place bien vague, bien aléatoire. Le vainqueur de Rivoli s'apprêtait à conquérir l'Egypte. Il comptait emmener à sa suite quelques civils, et surtout des savants pour arracher ses mystères à la vieille terre des Pharaons. Il proposa à Tallien d'être du voyage. Comme savant? Non, certes. L'ancien prote de Pankoucke était bien trop ignorant pour cela. Mais on verrait, une fois là-bas, à l'utiliser quelque part dans l'administration que Bonaparte entendait donner au pays dont il escomptait la conquête.

Tallien s'embarqua à Toulon, n'emmenant pour toute suite que Brindavoine, « espèce de groom qui de l'écurie de Madame avait passé à la chambre de Monsieur. » (1) Il se sentait quelque soulagement à quitter ce Paris où tout le monde, sa femme en tête, le bafouait impitoyablement. Cependant, malgré la honte, malgré les outrages, il adorait toujours sa Thérésia comme aux jours triomphants qui avaient suivi Thermidor. Il lui

(1) Arnault. *Souvenirs d'un sexagénaire*, t. IV, p. 176.

écrivait de toutes les escales, aveugle volontaire qui semble vouloir tout oublier, tout ignorer, et qui appelle « ma chère bonne » celle qui le trompe si effrontément. Oh! ces lettres, quels documents pour le cœur! Tallien inonde son papier de larmes, il regrette la « Charmante Chaumière », souhaite de se retirer avec la bien-aimée « dans un coin de terre, loin de toutes les passions, de toutes les intrigues » et termine son épître en disant : « Les souvenirs les plus doux de ta bonté, de notre amour, l'espoir de te retrouver toujours aimable, toujours fidèle, d'embrasser ma chère fille soutiennent seuls l'infortuné. » (1) Toujours fidèle! Quel prodigieux mirage emplit donc les yeux de ceux qui aiment sans être aimés!

Tallien n'était guère gênant. On ne peut donc pas dire que sa femme profita de son absence pour mener une vie de plus en plus en l'air. Il n'en est pas moins vrai qu'elle alimenta plus que jamais la chronique de ses faits et gestes et de ses excentricités de toilette. C'est à peine si elle s'abstient de paraître dans les salons à la fin de l'année 1798 pour mettre au monde, le 20 décembre, un enfant qui mourut en naissant et qui, bien que déclaré sous le nom de Tallien, était sans doute un fruit de sa liaison avec Barras. Elle ne pouvait conce-

(1) Lettre datée de Rosette, 17 thermidor an VI.

voir la vie sans bruit autour de son nom et, pour s'en procurer, sa bonté naturelle la servait à l'occasion autant que ses fantaisies tapageuses. Un jour, dans une course au chemin de la Révolte, près du Bois de Boulogne, un curieux qui n'avait pas eu le temps de se retirer de la piste assez vaguement tracée à cette époque fut heurté avec une telle violence par un des chevaux engagés dans la course qu'il tomba, le crâne brisé. Mme Tallien était là avec Mme Visconti, cette belle italienne, femme de l'ambassadeur cisalpin, qui était, au su de tous, du dernier bien avec le beau général Berthier. Elle fit placer le blessé dans sa calèche et ordonna qu'on le conduisît à Clichy, chez un chirurgien. En même temps, elle faisait une quête auprès de l'élégant public qui, ravi de se trouver en rapport avec une beauté aussi en vogue, laissait tomber dans son réticule les écus et les pièces d'or qu'elle payait d'un sourire enchanteur. Thérésia ne venait-elle pas de découvrir, sans le savoir, l'idée première de cette chose toute moderne: la vente de charité?

Va-t-elle rendre visite, à Chantilly, au faïencier anglais Potter, elle est reçue comme une reine et, le lendemain, les journaux content par le menu la visite de la « céleste Cabarrus ». (1) A la récep-

(1) *Rapsodies*, 1er trimestre.

tion de l'ambassadeur de Toscane par le Directoire, elle remporte un éclatant succès de toilette et de parures. Cela la console un peu de la cruelle déconvenue qu'elle a essuyée quelque temps auparavant, dans l'exercice de sa suprématie mondaine, de la part d'un autre représentant étranger.

En thermidor an V, Eiffed-Ali-Effendi, ambassadeur extraordinaire de la Sublime Porte fut reçu par le Directoire avec un faste extraordinaire et fit sensation dans Paris. Tous les journaux de l'époque sont pleins de cet oriental aussi riche de diamants que pauvre de langue française. De complaisants fonctionnaires des Affaires étrangères lui en soufflent seulement quelques mots qu'il répete à la façon des perroquets. On lui prodigue les fêtes splendides, on le traîne dans tous les jardins de plaisir, à Idalie, à Feydeau, à Tivoli. Un soir, la belle Mme Tallien est toute fière de se trouver assise à côté de lui dans les jardins de l'Elysée-Bourbon où, impassiblement assis, les jambes croisées, il se laisse dévisager par une foule dévorée de curiosité. Elle avale sans broncher l'odorante fumée de sa pipe longue de six pieds. Le galant turc a fait apporter des glaces et tandis que la jeune femme porte, d'un geste de gourmandise, sa cuiller à ses lèvres de rose, il lui répète avec une obstination désespérante: « Beauté publique! oh! divine beauté publique! » La jotie friande le regarde d'un air courroucé. Pauvre Seiffed-Ali-Effendi! Bien loin de lui toute idée satyrique ou vexante! Mais on lui a dit que le mot « beauté » représentait le plus flatteur de tous les compliments et que la « république » était la plus belle des choses. Peut-on lui demander d'être à une syllabe près?

On pense si l'impair fit fortune, s'il courut à travers gazettes et salons. Mais cela n'était rien. Thérésia n'était pas femme à se fâcher pour cette allusion involontaire à une conduite qui était le cadet de ses soucis. Elle n'en songe que davantage à éblouir l'ottoman au grand bal qui doit se donner en son honneur à l'Odéon. Pour le mieux subjuguer, elle s'est habillée à la turque: turban enrichi de diamants, chemisette de soie, culottes bouffantes. Mais, hélas! toute son ingéniosité, toute sa recherche savante tombent à plat. Le turc est sans doute las des turqueries ou il ne les goûte que sur les rives du Bosphore, car il passe sans desserrer les dents devant la beauté consacrée et quasi-officielle de la République et c'est devant Mlle Lange qu'il s'arrête, devant cette Lange de la Comédie-Française qui est la rivale de Mme Tallien dans le cœur de Barras! Il détaille longuement le costume de la comédienne, puis séduit « par ce luxe inconcevable et par ce ton extraordinaire de décence empreint sur les détails de sa parure somptueuse », (1) il laisse tomber ce jugement si éloquent dans son laconisme forcé : « Beau ! » (2).

L'amour propre de Thérésia fut piqué au vif et il fallut longtemps pour que la pluie ordinaire de compliments et d'hommages lui fit oublier sa déception. Des hommages, elle en faisait ample moisson dans sa cour de Gros-Bois, dans cette terre princière où elle jouait à la châtelaine comme elle l'avait fait jadis à Fontenay-aux-Roses. Les maîtres du jour, à l'imitation de ceux d'autrefois, s'étaient offert le luxe de Trianons champêtres. Boursault avait Brunoy; Fouché avait Ferrières; Merlin avait le monastère du Mont-Valérien, Barras s'était improvisé seigneur de Gros-Bois, de cette magnifique propriété qui avait appartenu, avant la Révolution, à Monsieur, frère de Louis XVI. Il l'avait payé un prix dérisoire, comme bien national, sur les bénéfices provenant de la vente des objets sacrés volés dans les églises de Toulon et de Marseille. Il y singeait les façons et les jeux de princes, avait fait faire de grands travaux d'embellissement, avait peuplé ses bois de gibier et rare et parqué dans une enceinte des cerfs et des daims.

Dans la belle saison, Mme Tallien adorait séjourner à Gros-Bois. Mais ce n'était pas pour s'y

(1) *Semaine critique*, t. III.
(2) *Rhapsodies*, 4e trimestre.

reposer, bien au contraire. Les réceptions allaient leur train encore plus qu'à Paris. Chaque jour, des calèches, des tilburys, des carricks s'arrêtaient devant les marches du perron. De belles évaporées en descendaient, en jupe longue et en spencer brodé sous d'immenses chapeaux empanachés. C'étaient Mme Bonaparte, Mme Hamelin, Mme Hainguerlot, Mme Visconti, Mme Raguet, tout le ban et l'arrière-ban des coquettes peu farouches. La société se répandait dans le parc avec de joyeux éclats de rire. On allait donner à manger aux carpes des bassins et aux faisans des volières. On goûtait sous les ombrages. Les couples d'amoureux s'isolaient dans les allées capricieuses et discrètes. Les joueurs s'en donnaient à cœur joie. Tout le jour et souvent fort avant dans la nuit, le whist, le pharaon, le vingt-et-un, la bouteille allaient leur train et l'on parlait beaucoup à Paris des « sommes effrayantes » qui se perdaient à Gros-Bois. De belles personnes faisaient admirer leurs gestes harmonieux au jeu moins absorbant mais non plus inoffensif des grâces. Le soir, il arrivait parfois qu'on se contait à tour de rôle des histoires terriblement croustillantes et Barras dont les premières années avaient été singulièrement aventureuses et dont la faconde méridionale était intarissable remportait les plus brillants succès de narrateur. Puis, il y avait les grands jours de chasse à courre où tout, piqueurs, équipages, cavaliers, amazones, s'efforçait de copier les belles et fastueuses traditions de la vénerie royale. Mais que de fautes de goût, que de notes discordantes au milieu de ces magnificences qui réunissaient le déchet de l'ancienne société à la fine fleur de la nouvelle!

Ce fut à Gros-Bois que se passa un singulier épisode qui marque une étape de la vie de Thérésia et y ouvre une phase nouvelle. Elle recevait fréquemment dans l'ancien domaine de Monsieur un petit homme vif et pétillant au regard aigu et malin, aux lèvres minces, au nez pointu. Sa mise était recherchée, ses manières distinguées, il dépensait en grand seigneur. Ses moyens le lui permettaient, car c'était le premier financier de son temps, le fournisseur patenté de toutes les armées de la République, le munitionnaire général de la marine. Il s'appelait Gabriel-Julien Ouvrard. Homme d'affaires de premier ordre, audacieux, habile, aussi affranchi de convictions que de scrupules, il avait fait adopter son plan de réformes par le gouvernement qui avait accepté de lui un prêt considérable. Ouvrard était roi de la finance à une époque qui comptait cependant les Hottinguer, les Récamier, les Delessert, les Perrégaux, les Hamelin, les Tourton et Ravel et combien d'autres. On était en 1799. Le Directoire n'était plus qu'une ombre de gouvernement, l'anarchie gouvernait la France, il n'y avait plus qu'un pouvoir, qu'une puissance: l'argent. Or, de tout temps, Thérésia avait associé sa vie à celle des gens au pouvoir. Elle n'avait fait que suivre docilement les fluctuosités de ce pouvoir et de la fortune de la France, en passant tour à tour des bras d'un marquis d'ancien régime à ceux d'un proconsul jacobin puis d'un dictateur de paçotille. La royauté carnavalesque de Barras agonisait. Le destinée de Thérésia semblait devoir la jeter à la couche d'un représentant de la nouvelle puissance, du plus opulent et du plus magnifique de tous, d'Ouvrard lui-même. Par uneétrange ironie du sort, ce fut Barras lui-même qui se chargea de l'y pousser. La scène semble empruntée à quelque comédie. Le voluptueux Directeur se voyait absolument à court d'argent. Bonaparte tardait à lui envoyer les trois millions qu'il lui avait demandés après Fructidor. Impossible de tirer une somme un peu importante des ordinaires bailleurs de fonds. Comment faire alors pour subvenir aux dépenses ruineuses et sans cesse croissantes de Thérésia, à ses toilettes, à ses chevaux, à son luxe? Il n'y avait qu'un moyen: passer ces dépenses au compte d'un autre. Avec le plus tranquille cynisme, Barras imagina le marché suivant et l'exposa tout crûment à Ouvrard: Le financier prendrait la belle espagnole pour maîtresse au moins *ad honores*, il afficherait publiquement sa liaison et assurerait sur sa caisse si bien garnie toutes les sommes inépuisablement gaspillées par la coûteuse citoyenne. Dans ce cas, le gouvernement continuerait d'honorer Ouvrard de sa confiance et lui laisserait toutes les fournitures de l'armée et de la marine. Au contraire, dans le cas où le financier refuserait la galante proposition de l'ineffable Barras, il verrait toutes ses fournitures supprimées à perpétuité. C'était un contrat en règle. Pas de femme, pas de fournitures. D'ailleurs le contrat ne s'opposait pas à ce qu'Ouvrard usât et abusât de l'objet cédé. Thérésia n'y mettait elle-même aucune opposition, l'amant proposé étant plutôt agréable de physique, d'esprit et de rapports. Et puis, il était si riche! La coquette voyait au fond de ses rêves des robes et des parures plus merveilleuses encore que tout ce qu'elle avait porté. En outre, cet arrangement n'avait rien qui la scandalisât plus que de raison, d'abord parce que ce n'était pas le premier marché dont elle se voyait l'objet. Combien celui de Bordeaux lui avait paru plus odieux! Quant à Ouvrard, il n'eût été ni de son temps ni de sa profession s'il s'était étonné de quelque chose. Il écouta parler Barras avec un imperceptible sourire, puis il baisa longuement sans mot dire le poignet mince et blanc de celle qui devenait son bien. C'était sa réponse: il acceptait.

Une grande chasse avait été préparée pour ce jour-là. De nombreux invités accourent de Paris. On a eu soin de loger le nouveau Mécène de Thérésia dans l'appartement contigu du sien. Les trompes résonnent, la chasse s'ébranle. Ouvrard trotte à côté de la belle amazone dont il vient de faire si extraordinairement l'acquisition. Elle monte un de ses chevaux. Deux jockeys à la livrée du financier suivent le couple. Mais il les perd comme par hasard et s'égare fort à propos dans l'ombre des grands bois. Le soir il y a grand dîner et Mme Tallien y est traitée et saluée comme la sultane favorite du riche fournisseur. Lui, assez confus au fond du rôle fortement ridicule qu'on lui fait jouer, s'efforce au moins de n'en rien laisser paraître et de s'en tirer avec esprit. Après le dîner, on part pour l'Opéra. Mme Tallien monte dans la voiture d'Ouvrard, emploie les gens d'Ouvrard, se montre avec ostentation dans la loge d'Ouvrard. C'est une notification en règle. Comme ça, tout Paris est mis au courant de la convention. Et il n'en rit que modérément. On en a tant vu depuis la clôture de la Terreur ! (1)

En changeant d'entreteneur officiel, Thérésia ne

(1) La Revellière-Lépeaux, *Mémoires*, t. II, p. 248.

changea nullement d'existence. Elle ne fit que renchérir, si c'est possible, sur ses goûts de luxe effrénés, ses caprices exorbitants, ses extravagances de tenue et les monceaux d'or jetés aux joailliers et aux couturières. On la vit, un soir, à une représentation de l'Opéra, costumée en Diane comme s'il s'était agi d'un bal masqué. Un grand croissant de diamants brillait sur ses cheveux de jais. Sa taille olympienne se drapait d'une peau de tigre. Une tunique courte « cherchait à cacher » ses genoux. Ses pieds nus étaient assujettis à des sandales dorées par des bandelettes de pourpre. Un carquois étincelant de diamants pendait même à ses épaules nues. Ce fut à la sortie une véritable cohue pour la voir. Les spectateurs s'écrasaient. Mais elle passa, nullement gênée sous tant de regards d'hommes braqués sur sa chair splendide et triomphante, parmi des applaudissements frénétiques, des désirs violents, des élans fougueux d'admiration. Et quand elle regagna sa voiture, superbement cambrée et majestueuse, plus d'un se rappela le mot du poète : *Incessu patuit dea...* (1)

Ouvrard se montrait le plus attentionné et le plus magnifique des amants. A l'étonnement, à la gêne des premiers jours, avait vite succédé une ardente tendresse. Il savait être dans la vie le plus

(1) J. de Norvins. *Mémorial,* t. II, p. 51.

aimable, le plus généreux, le plus exquisement courtois des millionnaires. On citait de lui des traits de nabab particulièrement élégants et délicats. Ses fêtes étaient célèbres pour leur faste et leur éclat. Il les multiplia en l'honneur de sa belle maîtresse. A l'instar de Fouquet, ce banquier de la République avait son château de Vaux paré de tous les luxes et de toutes les somptuosités. Mais son château à lui, était au Raincy. Quel étalage inouï de richesse, quelle débauche d'apparat rappelant les *Mille-et-une nuits!* Un grand déjeuner au Raincy s'entoure de toute une mise en scène. Au milieu de la table, s'arrondit un bassin de marbre rempli d'eau et sablé d'or dans lequel jouent des poissons de toutes couleurs. Aux quatre coins de la salle jaillissent des fontaines de punch, d'orgeat et d'eau de fleur d'oranger qui retombent dans des vasques de marbre. La vaisselle est d'or et d'argent. La chère est de la plus rare délicatesse, les vins sont exquis, les fruits des deux hémisphères couvrent la table en toute saison. A la vérité, il y a dans toutes ces magnificences quelque chose de puéril qui fait sourire et d'indiscret qui choque. Tout ce clinquant sent le bazar et le parvenu, et cette bizarre décoration de féerie n'est pas sans rappeler quelque peu le festin de Trimalcion. Toujours le manque de mesure et de goût, l'incurable vulgarité de l'époque du Directoire.

Mais voici que cette époque est close. Le coup d'Etat du 18 brumaire vient de ramener en France l'ordre et la sécurité. On comprend vite qu'il n'ait pas été du goût de Thérésia. Barras renversé, c'était un coup terrible porté à l'influence de l'illustre coquette, à son crédit, au prestige quasi-officiel de sa beauté. Désormais, c'en était fait de son rôle de reine, de sa carrière de lionne. Il allait falloir rentrer dans l'ombre grise où se meut la commune humanité. Son premier mouvement avait été de se précipiter chez le Directeur déchu pour l'exhorter à lutter contre ce Bonaparte qui venait de balayer si cavalièrement le Directoire et les deux Conseils. Elle lui avait dit « avec une vivacité charmante qu'il fallait être encore digne de lui. » (1) Puis, après avoir constaté l'inutilité de sa démarche, elle avait pensé que le mieux était de tout faire pour se rapprocher du nouveau maître de la France, de ce Premier Consul qui ne devait pas avoir oublié l'uniforme obtenu seulement cinq ans auparavant par son gracieux intermédiaire. Et puis, Mme Bonaparte n'était-elle pas son amie, la compagne chère de ses élégances, de ses promenades. A coup sûr, elle aurait par elle une situation brillante dans les nouveaux milieux officiels. Joséphine ne pouvait manquer de la rechercher entre toutes.

(1) Barras. *Mémoires,* t. IV, p. 81.

Hélas! elle allait éprouver une cruelle déception. Napoléon n'avait pas perdu toute sympathie pour elle, mais elle était au premier rang de celles qu'il voulait balayer, à leur tour, hors du salon et de l'existence de Joséphine. Il y avait loin du jeune général galantin qui lui envoyait des baisers sur la bouche à ce chef d'Etat aux principes arrêtés et sévères qui voulait purger la France de l'atmosphère viciée du Directoire. Il pensait avec raison que la pudeur est l'honneur féminin et qu'une femme, pour être respectable, doit avoir dans sa vie cette règle, cette discipline qu'il mettait partout. Il en voulait particulièrement à Mme Tallien, pour la déplorable influence qu'il lui prêtait sur l'esprit de Joséphine déjà assez enclin aux coquetteries coupables. Quelques mois auparavant, un soir qu'il méditait seul dans sa chambre du Caire, il avait demandé à son valet de chambre: « Lefebvre, que fait à présent à Paris Mme Bonaparte? — Mon général, elle pleure! — Tu n'es qu'un sot, avait réparti le vainqueur des Pyramides: elle va tous les jours se promener au Bois de Boulogne sur un cheval blanc, en mauvaise compagnie. » C'était de Thérésia qu'il voulait parler. Aussi se montra-t-il inexorable, lorsqu'après les désagréables surprises domestiques qui marquèrent son retour d'Egypte, il se réconcilia avec Joséphine. Cette condition formelle fut posée par lui : les Tuileries demeureraient fermées à Mme Tallien et à toute sa séquelle d'impures, à la Hamelin, à la Châteaurenault, à la Hainguerlot, à cette enragée gaillarde de Forbin à cette Visconti à laquelle persistait à s'accrocher ce « niais de Berthier. » Il ne fallait que d'honnêtes femmes autour de la femme du Premier Consul. Arrière les irrégulières, les intrigantes, les épouses cinq et six fois divorcées, les prêtresses de l'amour libre ! A la porte, toute la société du Petit-Luxembourg, le clan des *Sans chemise,* les merveilleuses d'hier, les gourgandines de toujours !

Ah ! ce qu'il coula de larmes sur de jolis visages ! Aucun n'en fut plus mouillé que celui de Joséphine. Pourquoi une si injuste rigueur ? Pourquoi la séparer de celles qui avaient été ses amies, ses confidentes, lorsqu'elle s'était reprise à vivre, à être heureuse, après sa sortie des Carmes ? Ne pouvait-on montrer un peu d'indulgence pour des écarts sans importance commis à une époque où tout le monde en France s'en permettait ? Mais Napoléon demeura inflexible. Aucune de celles qu'il venait de proscrire ne franchirait la grille des Tuileries et Mme Tallien moins que les autres.

Pauvre Thérésia ! Ce fut un terrible crève-cœur. Quelle douleur de se dire qu'elle ne retrouverait pas ses succès et sa cour d'adorateurs aux fêtes du nouveau régime! Quelle tristesse aussi de se voir séparée de l'amie frivole et bonne qu'elle aimait! Elle ne pouvait se résigner à sa quasi-retraite, souffrant de voir rentrer peu à peu en France et se reformer loin d'elle cette aristocratie aux manières parfaites, cette noblesse de l'ancienne monarchie pour qui elle s'était toujours senti un goût si prononcé. Elle enrageait de vivre ainsi, presque complètement à l'écart du courant mondain, et, malgré son inconscience native, elle commençait à comprendre la fausseté de sa position: cette liaison avouée avec Ouvrard qui lui faisait la vie d'une fille richement entretenue. Peut-être alors aurait-elle dû rompre? Mais elle n'avait pas le courage de renoncer à son luxe, à cette vie large entourée de tous les raffinements que donne la richesse.

Elle habitait au numéro 1 de la rue Cérutti (rue Laffitte), un immeuble de belle apparence très confortablement aménagé. La Maison Dorée, si connue il y a quarante ans, a été construite sur son emplacement. C'est là que le 12 pluviose an VIII (31 janvier 1800) la jeune femme accoucha d'une fille qui joignit au prénom traditionnel de Thérésia l'appellation déjà romantique de Clémence-Isaure. Est-ce son père Ouvrard qui le voulut ainsi? On la déclara sous le nom de Cabarrus et non sous celui de Tallien (1). Qui pensait alors à l'ancien conventionnel si lamentablement emmené dans les bagages de l'expédition d'Egypte ? Sa femme mettait des bâtards au monde aussi tranquillement que s'il n'eut pas existé. Or, au commencement de l'année 1801, on apprit tout d'un coup que ce mari si peu gênant venait de débarquer à Calais. Il avait quitté l'Egypte quelques mois auparavant, mais, pris en mer par des corsaires, il avait été conduit à Londres d'où il arrivait. Depuis longtemps, il ne recevait que de brèves et vagues nouvelles de sa femme. Quelle surprise et quelle douleur l'attendaient à son foyer détruit et occupé par un autre qui y faisait souche paisiblement !

Thérésia ne se troubla guère à la nouvelle de cette arrivée intempestive. Elle trouva seulement que Tallien manquait d'à-propos et qu'il aurait mille fois mieux fait de rester à se faire oublier sur les bords du Nil. D'ailleurs elle ne se sentait aucun remords, n'éprouvait pas la moindre envie de se faire pardonner et souhaitait seulement que le revenant si mal inspiré déposât une demande en divorce renouvelée de celle qu'elle lui avait adres-

(1) Elle épousa plus tard un colonel nommé Devaux et, devenue veuve, entra dans un ordre religieux. Les élèves de la maison d'éducation des dames de Saint-Louis ont conservé le souvenir de sa haute taille et de sa barbe au menton. Elle mourut à Juilly, en 1884.

sée, elle-même, en l'an V, par les soins de Me Dufour.

Mais elle craignait une de ces terribles colères qui l'avaient tant effrayée chez Tallien, quelque temps avant son départ pour l'Egypte et elle se demandait, nullement repentie, mais un peu tremblante: « Comment le recevoir? »

CHAPITRE VII.

La Princesse de Chimay

Second divorce de Thérésia. — L'hôtel de Barbançon. — Les fêtes de Mme de Cabarrus. — Les enfants d'Ouvrard. — Entrevues de Thérésia et de Napoléon aux bals masqués. — Le comte Joseph de Caraman. — Troisième mariage de Thérésia. — Princesse de Chimay ! — Tallien consul à Alicante. — Il vieillit dans la maladie et la misère. — Piquante entrevue avec son ex-femme. — Une emplette du baron Pasquier. — Mort de Tallien. — La cour de Thérésia à Chimay. — Le prytanée de Ménars. — Angoisses d'âge mûr. — Mort de la princesse.

Thérésia ne vit pas Tallien. Malgré son insistance, malgré sa colère et ses menaces, elle refusa de le recevoir et donna ordre à ses gens de tenir la porte soigneusement fermée à ce fâcheux. Après une assez longue hésitation, il se décida à demander le divorce. Des amis de l'un et de l'autre s'entremirent pour les formalités nécessaires. Au cours des pourparlers engagés, on conçoit qu'il arriva plus d'une fois au mari trompé et ridiculisé de s'exprimer en termes extrêmement vifs sur la conduite de sa femme. Avec un illogisme bien féminin accentué d'une forte pointe de mauvaise foi, celle-ci eut l'audace de s'en indigner. « Mais tout ce qui arrive est de sa faute!

s'écria-t-elle. Pourquoi m'a-t-il laissée seule? Pourquoi a-t-il été se promener en Egypte? » Oh! l'injustice de celles qui n'aiment plus à l'égard de ceux qui s'entêtent à les poursuivre de leur tendresse! Quelle que fut la grandeur de l'offense et du scandale, Tallien chérissait toujours l'infidèle. Si une entente avait été possible, il lui aurait certainement pardonné, ses bras se seraient rouverts, il serait redevenu le mari prêt à tout oublier, à tout supporter pour ne pas la perdre. Mais Thérésia était lasse des terribles scènes d'antan. Elle ne voulait aucune limite à son indépendance et puis elle n'avait plus de raison de tenir à ce nom de Tallien jadis si redoutable, aujourd'hui si décrié, qu'elle avait pris sans enthousiasme, au milieu de la griserie de Thermidor et qui lui avait valu, cependant, une si retentissante célébrité. Le divorce fut prononcé au bout d'un an de procédure, le 8 avril 1802. Thérésia offrait à son ancien mari une pension qu'il eut la dignité de refuser. Elle n'insista pas et poussa, devant le lieu rompu, un long soupir de soulagement, tandis qu'il ressentait, lui, au fond du cœur, une atroce impression de vide et d'abandon.

Quelle amertume était la sienne! Celle qui avait été Mme Tallien l'avait accusé d'avoir été se promener en Egypte! Elle osait traiter de promenade cet exil navrant qui ne lui avait valu que des déboires! Dès en mettant le pied sur la vieille terre des hypogées, il avait fait une rencontre des plus désagréables: un commissaire des guerres dont la figure poupine et l'éternel sourire béat lui avaient rappelé immédiatement de sinistres heures de drame. Ce commissaire des guerres qu'il s'attendait si peu à retrouver dans ce pays et sous cet uniforme, c'était Jullien, ce petit Jullien de Bordeaux qui avait tout fait pour envoyer à l'échafaud Thérésia et Tallien. C'est en vain que celui-ci avait cru s'en débarrasser, en le faisant emprisonner après Thermidor. Et le pis était que la position de Jullien était singulièrement mieux assise que la sienne. Qu'allait-on faire, sous le brûlant soleil africain, de l'ancien président de la Convention? Il essaya d'abord de reprendre ce métier de journaliste qui lui avait si mal réussi jadis, mais la *Décade égyptienne* qu'il fonda au pied des pyramides ne réussit pas mieux que ses tentatives précédentes. On le vit alors administrateur des domaines, puis conservateur des hypothèques. C'était un fonctionnaire grincheux et jaloux, sans cesse en différend avec l'administration militaire et l'état-major. Le climat et la maladie irritaient son humeur d'une façon continue. Il finit par se brouiller complètement avec le général en chef nommé après l'assassinat de Kléber, ce grotesque Menou qui s'était converti à l'islamisme et se faisait appeler Abdallah-Menou. C'est alors qu'il s'était rembarqué, furieux après tout le monde et décidé à demander en France n'importe quel poste qui l'éloignât de cette Egypte où il n'y avait à récolter que des fièvres et des avanies.

Durant deux ans, il vit d'expédients à Paris, multipliant les démarches et ne recueillant que de vagues promesses. On se méfie de lui. Son rôle a été assez louche en Orient et surtout à Londres où il a débarqué. Pourtant, Fouché et Talleyrand l'ont assuré qu'il pouvait compter sur eux. Ils ont parlé pour lui au Premier Consul. Mais celui-ci ne se sent aucun empressement à l'égard de l'ancien proconsul de Bordeaux qu'il déteste. Il a dit un jour publiquement: « Je n'aime pas Tallien, je n'aime pas cet homme, il est méchant et corrupteur. » (1) Il a même « presque frappé d'anathème » tous ceux qui ont des relations avec l'ancien mari de la belle Thérésia. Tous les autres thermidoriens sont nantis de bonnes places. Lui seul ne peut rien obtenir. Talleyrand revient alors à la charge et propose à Napoléon de caser cette encombrante épave de la Convention hors de France, dans son personnel des Affaires étrangères. Après quelque résistance, le maître consent et accorde au solliciteur le consulat de France à Alicante. Alicante, une ville de trente mille habitants!

(1) Duchesse d'Abrantès. *Mémoires,* t. V, p. 285.

C'était bien maigre pour celui qui, au lendemain de Thermidor, avait compté parmi les maîtres de la France, mais c'était quand même une aubaine. Tallien partit en novembre 1804, presqu'heureux de ne plus rencontrer sur son passage celle qu'il aimait toujours se pavanant dans de luxueux équipages, entourée de laquais à la livrée d'Ouvrard, clinquante et tapageuse.

Pourtant, elle avait inauguré, bien malgré elle, depuis deux ans une existence plus calme et plus retirée. Elle vivait davantage chez elle, loin de cette société de plus en plus sévère et gourmée qui lui refusait droit de cité. Elle habitait maintenant un quartier paisible et plein d'ombre où les rues se creusaient d'ornières, où de hauts portails dressaient leurs fiers écussons, où les herbes folles poussaient librement au pied des murs des grands parcs, par dessus lesquels neigeaient les fleurs des acacias et des marronniers. C'était dans cette silencieuse et quasi champêtre rue de Babylone où s'ouvraient le terrain et l'hôtel que Barras lui avait donnés au temps de leurs amours. Au printemps de 1801, elle s'était décidée à donner à sa beauté ce paisible cadre de nature. Juste en face de la porte de la caserne de Babylone, au bout d'une allée plantée de vieux arbres, l'hôtel s'élevait, de proportions modestes, intime, discret, tout blanc parmi les verdures. (1) Un magnifique parc développait tout autour les pelouses, les prairies semées de bosquets, les futaies majestueuses. La demeure, coquette et princière, offrait, à l'abri d'un massif de marronniers, sa façade élevée d'un rez-de-chaussée, sans étage, ses pavillons vitrés de forme hexagonale, ses piliers cannelés, ses frontons triangulaires où des Minerves méditaient. Elle avait une courte histoire. Au XVIIIe siècle, un certain marquis de Barbançon en avait fait sa petite maison. Sous la Révolution, l'ancienne « folie » avait été vendue comme bien national, puis mise en loterie et gagnée par une vieille fille qui n'eut jamais la curiosité d'y venir et chercha aussitôt un acquéreur (2). L'acquéreur avait été Barras, mais ce fut Ouvrard qui fit les frais du nouvel aménagement. Il ne regarda pas plus que de coutume à la dépense, et, si quelqu'un eut à se plaindre de lui, ce ne fut pas Thérésia, mais bien les soldats de la République qu'il avait à fournir de vêtements et de chaussures, et qui reçurent

(1) Cet hôtel s'appelle aujourd'hui hôtel de Chanaleilles, du nom des propriétaires qui l'habitent depuis 1840. Des maisons de rapport ont été construites sur l'emplacement de son ancien parc et il se trouve à présent au coin de la rue Vaneau et de la rue de Chanaleilles.

(2) Archives de l'administration des Domaines et renseignements fournis par M. le marquis de Chanaleilles à M. A. Lenotre. (*Vieilles maisons, vieux papiers*, La Vieillesse de Tallien, p. 232.)

peut-être du mauvais drap et des semelles en carton pour que les meubles rares, les bibelots de prix, les décorations somptueuses, les œuvres des artistes à la mode fissent une merveille unique de l'intérieur où allait s'épanouir dans son éclat mûrissant la tant séduisante favorite du fournisseur.

Elle avait appelé à elle toute une armée de tapissiers, d'ébénistes, de peintres, de jardiniers. De vastes perspectives boisées avaient été ménagées dans le parc. Le domaine semblait sans limites, encadré au loin par les profondes ramures des parcs des hôtels de Biron, de Rohan et de Matignon. Quant au blanc palais en miniature, Théresia lui communiqua cet air de luxe et d'apparat qui se dégageait de toute sa personne. L'appartement principal consistait en un vaste salon suivi d'une grande chambre à coucher et d'un boudoir. Dans la chambre, on admirait un lit d'ébène décoré de bronzes dorés. Le ciel de ce lit, très ample et très élevé, avait la forme d'une tente ronde et était soutenu par le bec d'un pélican doré. C'était le style égyptien alors très en faveur. Les rideaux de satin blanc et cramoisi, garnis de franges dorées, retombaient en larges plis jusqu'au parquet, un parquet si beau que Visconti rêva plus tard d'en doter le nouveau Louvre. Toute la pièce était ornée de jolis bas-reliefs. (1)

Ce fut dans ce cadre d'élégante richesse que Thérésia vécut auprès d'Ouvrard cinq années de vie régulière et quasi-bourgeoise. Ce calme si nouveau l'étonnait, mais n'était pas sans charme après les années d'orage et de folle dissipation. Rien ne manquait à la vie de famille, pas même les nouveau-nés. Ils arrivaient périodiquement, chaque année amenant le sien. Clémence-Isaure-Thérésia avait vu le jour en 1800 ; en 1801, ce fut le tour de Jules-Joseph-Edouard (2) ; en 1802, celui de Clarisse-Gabrielle-Thérésia (3) ; en 1803, celui de Stéphanie-Caroline-Thérésia (4). Ces événements n'amenaient ni fortes émotions ni grands changements dans la maison. Le médecin-accoucheur, le célèbre Baudelocque, servait de témoin à la mairie avec Schodelet, le concierge de l'hôtel. Après quoi, les poupons étaient envoyés en nourrice chez les époux Choisel, boulevard des Invalides, qui s'adonnaient à l'élevage des enfants. Ils avaient été indiqués à Thérésia par un assidu de

(1) Un hiver à Paris sous le Consulat, d'après les lettres de Reichardt, par A. Laquiante, p. 201.

(2) Devenu le Dr Cabarrus, qui épousa Mlle Lesseps. Il devait s'acquérir une grande réputation d'amabilité et d'esprit.

(3) Morte en bas âge.

(4) Plus tard Mme de Brunetière et mère du colonel de Brunetière.

son salon, M. Alexandre de Girardin, qui avait mis chez eux un bambin, fruit d'un amour adultère, prénommé Emile et appelé à faire quelque bruit dans le monde.

On le voit, malgré cette fécondité qu'elle déplorait, l'âge n'apportait guère à Thérésia le goût de la maternité. Elle n'avait qu'une idée : se rétablir le plus vite possible de ses couches et reprendre le cours de ses réceptions. Car avec un entêtement d'amour-propre bien de son sexe, elle répondait à l'ostracisme de nombre de salons parisiens, en donnant des soirées brillantes et en faisant tous ses efforts pour entasser beaucoup de monde dans son hôtel, la marotte du jour étant aux réunions où l'on s'étouffe. Faisons-nous inviter à l'une de celles de Thérésia, ce qui n'est pas difficile, et pénétrons dans le délicieux petit hôtel de la rue de Babylone.

La maîtresse de maison fait les honneurs avec sa grâce et son amabilité habituelles. Elle a passé la trentaine et porte son âge avec l'orgueilleuse assurance d'une triomphante beauté. Son corps de déesse a pris un peu d'embonpoint et sa petite tête la fait paraître encore plus grande et plus forte. Elle a renoncé aux modes à l'antique et s'est conformée sagement au goût plus sévère qui règne depuis l'avènement du Consulat. Ses magnifiques cheveux noirs, arrangés en larges tresses, s'enroulent autour de sa tête jusqu'au front, d'une part, jusqu'à la nuque de l'autre ; des cordons de perles fines s'entrelacent aux tresses. Pas le moindre fard à ses joues mates, car la pâleur est à la mode. Elle porte une riche toilette de satin blanc couverte de dentelles de prix. Sa fille Thermidor, âgée de dix ans, se tient auprès d'elle. Fine, souple, coquette déjà, elle rappelle de très près cette petite Thérésia qui tournait si bien la tête à l'oncle Galabert. Si nous en croyons un témoin oculaire, « les façons de la mère et de la fille l'une à l'égard de l'autre indiquent des natures aimantes. » Pour la seconde fois de sa vie, Thérésia est redevenue Mme Cabarrus. C'est de ce nom que l'appellent ses invités. Elle s'occupe activement de les placer et d'entretenir un instant les dames, anglaises en majorité. On la voit s'asseoir tantôt auprès de l'une tantôt auprès de l'autre, toujours en mouvement, traînant sans cesse derrière elle un flot de cavaliers empressés.

On commence par faire de la musique. Un Espagnol chante en s'accompagnant de la guitare, et Mme Cabarrus déclare avec des gestes vifs qui miment « qu'elle n'aime rien tant que ces romances de sa chère patrie, mais qu'en Espagne, ces chants accompagnent toujours une danse. » Ses pieds frétillent comme dans l'attente d'un boléro. Pour un rien, elle danserait avec des mouvements d'écharpe et des renversements de buste comme elle faisait à la Chaumière. Pourtant aujourd'hui ce sont les autres qu'elle provoque à la danse. Elle recrute quatre couples pour danser une « française ». Puis, héritière des dispositions maternelles, la petite Thermidor Tallien danse seule une autre « française ». Thérésia a fait donner à sa fille une éducation identique à celle qu'elle a reçu elle-même à Carabenchel et elle est si heureuse d'admirer la grâce et la légèreté de la mignonne danseuse que les larmes lui en viennent aux yeux. Mais déjà une autre idée traverse sa tête à l'event. Exagérée dans toutes ses impulsions, elle se précipite à genoux devant une jeune fille pour la supplier de chanter et elle reste un moment dans la même attitude soigneusement choisie et étudiée, ses grands yeux largement ouverts sur la cantatrice, ses lèvres frémissantes. Puis elle se redresse d'un bond et retourne papillonner parmi ses hôtes. Les hommes sont assis aux tables de jeu. Elle y fait de fugitives apparitions, voltigeant au milieu des parties engagées, hasardant cinq ou six louis sur une carte, s'attardant parfois à parier. Puis les invités s'en vont les uns apres les autres, tous reconduits par elle avec les mêmes paroles flatteuses, les mêmes compliments prolixes et exubérants. Que d'embrassades aux femmes, que de sourires aux hommes! Quelques intimes seuls demeurent. Alors, fatiguée de s'être tant dépensée, elle s'affaisse sur un fauteuil, la tête renversée contre le dossier en soupirant d'une voix presque éteinte : « Je n'en puis plus, je suis morte ! » Un naïf nouvellement reçu dans la maison la croit indisposée et offre ses soins. Elle se redresse comme poussée par un ressort. « Ce n'est pas ça, monsieur », dit-elle, puis elle demande au banquier Tourton avec une mine brillante de satisfaction : « Mon assemblée était bien nombreuse, n'est-ce pas? » (1)

Ce sont les étrangers, les Anglais surtout, qui dominent à ces « assemblées », car depuis que le Premier Consul a mis Thérésia en interdit, le monde des émigrés aussi bien que celui des fonctionnaires ne s'avise que fort peu de fréquenter chez elle. Mais le piquant de l'aventure, c'est que parmi les hôtes des Tuileries, celle qui obéit le moins à la rigoureuse consigne donnée par le maître, c'est Joséphine. Ah ! c'est que les amitiés féminines se montent, s'échauffent, s'énervent, quand on y veut mettre obstacle. L'amie qui fût vite devenue indifférente ou détestable apparaît plus chère parce qu'elle est défendue. Même quand on s'appelle Napoléon, on n'arrive pas à empêcher

(1) *Un hiver à Paris sous le Consulat,* d'après les lettres de Reichardt, par A. Laquiante, p. 200-204.

sa femme de voir qui elle veut. Joséphine et Thérésia se virent en secret et correspondirent plus activement que jamais. La femme du Premier Consul s'ingéniait à trouver les raisons que son mari pouvait bien avoir contre son ancienne compagne des fêtes directoriales, et elle souhaitait de tout son cœur les voir disparaître bientôt. Elle crut en avoir trouvé une dans l'animosité de Napoléon contre Ouvrard. Le financier avait en effet encouru la disgrâce du pouvoir. Il avait même été emprisonné au cours de l'année 1800. Pourquoi Thérésia ne le quittait-elle pas ? Si elle en prenait le parti, c'était, pensait Joséphine, les Tuileries rouvertes à coup sûr. Elle écrivait à une amie de la belle Espagnole: « Tâchez d'obtenir ce sacrifice, et je suis sûre que Bonaparte lui rendra son ancienne affection et me permettra de la revoir comme autrefois. » (1)

Mme Cabarrus ne quitta pas Ouvrard, mais elle multiplia les démarches pour avoir accès dans ce salon du chef de la République où se reformait une société brillante et pour se voir rouvrir, grâce à ce retour en grâce, tous les salons officiels. Elle fait parler au Premier Consul afin qu'il revienne sur sa décision. Elle prodigue les lettres et les billets à Joséphine qu'elle implore non seulement

(1) Sophie Gay, *Salons célèbres*, p. 313.

pour elle mais pour les autres, car malgré ses blessures d'amour-propre, malgré l'ulcération de son âme vaniteuse, son cœur d'or reste toujours prêt à s'employer en faveur des malheureux. C'est ainsi qu'elle recommande le citoyen Brononville à Mme Bonaparte, en l'appelant son *ancienne amie*. Comme elle est touchante, cette lettre de quelques lignes où elle se dit désabusée par le temps, les circonstances et le cœur de sa correspondante et où elle l'assure pourtant d'une amitié qui « sait résister à toutes les épreuves et qui ne finira qu'avec les jours! » (1)

Il faut avouer qu'elle n'y met guère de dignité. Il n'est pas de prière, de supplication, de manœuvre humiliante qu'elle s'épargne pour contenter son ardente soif de trôner dans les soirées officielles du nouveau régime et y retrouver ses triomphes d'antan. Elle se met en quête de tous les moyens d'adoucir la dureté du Premier Consul, elle cherche toutes les occasions de se placer sur son passage, elle le fait supplier par des intermédiaires de tous genres de lui accorder une entrevue. Enfin, au cours de l'année 1802, ému de tant d'instances, il lui fait donner secrètement par Baptiste un rendez-vous au fameux bal masqué de Marescalchi. Mme Cabarrus devait porter un ru-

(1) Lettre datée du 25 vendémiaire an IX.

ban vert et accepter le bras d'un domino qui en aurait un pareil. Le Premier Consul arrive, accompagné du docteur Lucas, le célèbre médecin des eaux de Vichy. Il le laisse pour offrir le bras à celle qui l'attend, toute anxieuse de l'arrêt qu'il va prononcer. Pendant deux grandes heures, les deux dominos aux rubans verts se promènent ensemble et causent avec animation. L'un supplie et se désespère ; l'autre explique, s'excuse, mais demeure inexorable. La politique et les convenances sont d'accord pour interdire les Tuileries à l'ancienne lionne du Directoire. Napoléon essaie bien de mitiger ses dures appréciations de quelques compliments. Il félicite, peut-être ironiquement, l'imploratrice de ses relations « avec un homme grave qu'il estime. » Mais sa réponse est formelle : il refuse.

L'arrêt était-il donc sans appel ? Thérésia ne le crut pas. L'empire, en se fondant, ne fit qu'accroître son désir effréné de paraître aux bals de la cour. Ah ! que n'eût-elle donné pour pouvoir éclipser à son aise, pour écraser de sa beauté toujours présente ces grandes dames de fraîche date, ces maréchales empêtrées dans leurs traînes! Elle revint à la charge inlassablement auprès de celui qui l'éloignait si cruellement de tout cela. Dans les bals masqués où paraissait l'empereur, il trouvait un rendez-vous qui ne manquait jamais. Un même masque venait lui demander de bien vouloir l'admettre à sa cour. Ce masque, c'était la pauvre Thérésia, touchante à force d'assiduité et de souffrance. Elle rappelait le passé, son rôle bienfaisant d'autrefois, les existences sauvées par elle. L'intraitable souverain l'écoutait d'une oreille affectueuse : « Je ne nie pas que vous soyez charmante, répondait-il, mais voyez un peu quelle est votre demande. Jugez-là vous-même, et prononcez. Vous avez deux ou trois maris et des enfants de tout le monde. On tiendrait à bonheur sans doute d'avoir été complice de la première faute; on se fâcherait de la seconde, on la pardonnerait peut-être, mais ensuite ? Et puis, et puis !..... A présent, soyez l'empereur et jugez. Que feriez-vous à ma place ?... Et moi qui suis tenu à faire renaître un certain décorum ! » La jolie solliciteuse se taisait un moment et finissait par dire: « Au moins, Sire, ne m'ôtez pas l'espérance ! » Et c'était pour tous deux, l'année suivante, un nouveau et toujours infructueux rendez-vous. (1)

Il ne restait plus qu'un moyen de pénétrer à ces bals des Tuileries qui hantaient les sommeils et les veilles de la pauvre coquette exilée. C'était de s'y introduire en contrebande, avec la carte d'une au-

(1) *Mémorial de Saint-Hélène*, t. III, p. 139.

tre. L'essaya-t-elle? C'est très probable, si l'on en croit la petite histoire qui courut alors. A un bal masqué des Tuileries, la foule des danseurs remarqua un domino gris qui s'attachait obstinément aux pas d'une jeune femme de haute taille et de démarche souple et gracieuse. Il était suivi de deux grandes figures noires. On le vit manœuvrer de façon à se trouver face à face avec celle qu'il poursuivait. Soudain, il se plante devant elle et la fixe avec obstination. Gênée de cette insolence qui se renouvelle à plusieurs reprises, elle dit au masque qu'elle ne le connaît pas et qu'il ait à cesser ce désagréable jeu. Mais le masque continue à lui barrer le passage et à la fixer sans mot dire. Elle comprend alors que son *incognito* est découvert et qu'on lui intime l'ordre de sortir. La malheureuse s'enfuit éperdue... Le lendemain, on raconta que le domino gris était l'empereur en personne, que les deux grandes figures noires étaient les deux gardes chargés de veiller sur lui et que la personne si étrangement expulsée n'était autre que l'ancienne Mme Tallien. (1)

Malgré sa longue résistance aux ordres de son mari, Joséphine elle-même avait dû cesser de la voir. Plus d'une fois, l'empereur s'était vu obligé

(1) Mme Georgette Ducrest. *Mémoires sur l'impératrice Joséphine.*

de rappeler sévèrement à sa femme la sévère consigne qu'elle oubliait si volontiers ou qu'elle tournat si adroitement. Mais il n'entendait plus se laisser berner. A la fin, il fallut obéir. Une lettre qu'on sent écrite sous l'impression de l'emportement le plus vif signifia bien nettement la volonté du maître : « Mon amie, j'ai reçu ta lettre... Je te défends de voir Mme Tallien, sous quelque prétexte que ce soit. Je n'admettrai aucune excuse. Si tu tiens à mon estime et si tu veux me plaire, ne transgresse jamais le présent ordre. Elle doit venir dans tes appartements, y venir de nuit ; défends à tes portiers de la laisser entrer. Un misérable l'a épousée avec huit bâtards. Je la méprise elle-même plus qu'avant. Elle était une fille aimable, elle est devenue une femme d'horreur et infâme. Je serai à Malmaison bientôt : je t'en préviens pour qu'il n'y ait pas d'amoureux la nuit! Je serais fâché de les déranger... » (1)

Que de violence envers la pauvre pécheresse, quel torrent d'indignation vraiment plus déchaîné que de raison ! Et cependant Napoléon paraît singulièrement édifié sur la conduite de sa propre épouse. Il est vrai qu'il ne faut voir là que l'amère boutade d'un homme de mauvaise humeur. Quant aux bâtards, aux termes des actes de l'état

(1) Lettre datée de Berlin, novembre 1806.

civil Thérésia n'en avait mis que quatre au monde, ce qui était déjà beau. La lettre de l'empereur emploie pour elle le mot « fille ». Certes, il est difficile de ne pas reconnaître qu'elle en menait l'existence depuis plusieurs années. Mais elle était à ce moment où les filles éprouvent un sentiment de lassitude, où elles aspirent à quelque chose de sérieux, de considéré, de durable, c'est-à-dire au mariage. Elle sentait germer en elle ce besoin d'honorabilité, de reclassement et de repos qui sommeille au fond du cœur de toutes les demi-mondaines. En même temps, elle éprouvait un désir de plus en plus tenace de rentrer en contact avec cette aristocratie d'ancien régime dont elle avait fait partie jadis. Puisqu'on faisait fi d'elle dans la nouvelle société, presque exclusivement composée de parvenus aux manières soldatesques, elle allait tâcher de se faire admettre dans l'autre, celle qui conservait les noms et les manières de l'ancienne France. Ouvrard était rentré en grâce auprès du pouvoir à qui il venait de prêter quatre cent millions. Mais Thérésia avait assez de ce monde de la finance et de son opulence indiscrètement étalée. Elle songeait sans frémir à commencer ailleurs une quatrième existence. Et, après avoir réalisé tant de rêves divers, il allait lui être donné de réaliser encore celui-là.

A force d'adresse et de diplomatie, elle avait fini par recevoir chez elle quelques représentants de l'ancienne noblesse de cour. Parmi eux, se trouvait un jeune homme de trente-trois ans aux traits fins et doux, à la tournure svelte, aux manières parfaites. C'était le comte Joseph Riquet de Caraman, troisième fils du riche marquis de Caraman et de la princesse de Chimay. Thérésia l'avait rencontré chez Mme de Staël qui, elle, ne lui avait pas fermé les portes de son salon, peut-être en reconnaissance des services rendus aux victimes de Fructidor. Tout de suite, le comte avait rappelé à la belle Espagnole leur première rencontre, onze ans auparavant, cette rapide entrevue, ces quelques mots échangés au relai de la Chaussée Saint-Victor, tandis qu'elle fuyait Bordeaux en compagnie du jeune Guéry, sous les dénonciations du petit Jullien. Ce souvenir avait ému Thérésia et elle avait senti naître en elle un sentiment de sympathie pour celui qui lui avait offert ses services au cours d'une période d'angoisse si profondément gravée dans sa mémoire. Les Caraman étaient de bonne souche. Ils descendaient de Riquet, le constructeur du canal du Languedoc. Le comte Joseph avait reçu une solide instruction dans sa famille qui vivait admirablement unie à Roissy, à cinq lieues de Paris. (1) Sous la Révolution, il avait servi quelque temps à l'armée de Condé, dans le régiment de Noailles-dragons. C'était cependant un homme imprégné de l'esprit nouveau, qui avait lu Rousseau avec passion et qui se laissait volontiers entraîner dans la conversation à des tirades à la Raynal. Il rêvait de projets humanitaires, de plans d'éducation, de perfectionnements moraux et s'attardait à prolonger la tradition déjà un peu usée des grands seigneurs philosophes.

Bientôt, il mêla la belle Thérésia à ses rêves de réformes sociales. Il fréquentait assidûment à l'hôtel Barbançon et peu à peu l'impression exquise mais fugitive reçue onze ans auparavant se développa, grandit et prit toute la place dans son cœur. Il devint le plus empressé des chevaliers servants de Mme Cabarrus. Elle l'encourageait adroitement, heureuse de cette cour et de cette tendresse qui semblait n'avoir point d'ombrage de son passé. La partie était palpitante à jouer : il fallait qu'elle fût décisive. Celle qui avait conquis tant d'hommages sut mettre une fois encore en jeu tous ses charmes et toutes ses coquetteries. Elle persuada à ce crédule tout ce qu'elle voulut. Avec un tact infini, avec des ruses de sirène, elle mit à ses yeux un

(1) « Roissy est le séjour de la paix, de l'ordre et du bonheur ». (Mme du Deffand.)

bandeau qui lui voila doucement toutes les folies d'autrefois et tout le scandale d'aujourd'hui. Bientôt le bruit se répandit que le comte de Caraman allait épouser Mme Cabarrus et qu'il s'engageait à reconnaître ses enfants naturels. Ce dernier point était inexact, mais le mariage prochain devint vite un fait avéré. La chose n'alla pas sans peine. Le vieux marquis de Caraman fut accablé de douleur, en apprenant que son fils voulait donner le beau nom dont il était héritier à celle qui en avait changé si souvent. Il fallut faire des actes respectueux. Enfin, le mariage eut lieu à la mairie du Xe arrondissement, le 18 juillet 1805. Il fut purement civil, l'Eglise considérant toujours la nouvelle mariée comme l'épouse légitime de M. Devin de Fontenay.

A cela près, sa joie était grande. Elle avait réalisé son double rêve : la conquête d'une situation régulière, le retour à la noblesse. L'ancienne marquise avait mis sur ses beaux cheveux noirs une couronne de comtesse, en attendant de partager un blason de prince. Elle s'émerveillait à plaisir devant les étranges caprices de sa destinée. Et tout de suite son orgueil, tant blessé depuis quelque temps, s'enivra des avantages et des honneurs de sa position nouvelle. Le jeune ménage partit en voyage de noce pour l'Italie. De gros intérêts l'y appelaient non moins que les charmes du pays. Le grand-père du comte Joseph, Philippe d'Hennin d'Alsace, prince de Chimay, venait de mourir et une partie de la succession se réglait en Toscane. Son petit-fils héritait de tous ses biens, notamment de la terre de Chimay, en Belgique, et du titre de prince qui s'y trouvait attaché. Princesse! Thérésia se voyait princesse! Ce bonheur cicatrisa les dernières plaies à sa vanité. Elle voulut profiter de son voyage d'Italie pour prendre sa revanche de Paris et se faire présenter à la cour de Florence. Notre chargé d'affaires, M. Artaud, vanta à la reine d'Etrurie la beauté et les mérites de Thérésia, il lui dit le dévouement, la charité qu'elle avait montrés pendant la Révolution. C'en fut assez. Celle qui était quelques mois auparavant entretenue par le fournisseur Ouvrard entra au palais Pitti avec l'aisance tranquille et le port majestueux d'une souveraine. Les belles dames florentines s'extasièrent sur sa robe de velours brodée à Lyon et qui, sans doute par égard pour son changement de situation, était, pour la première fois de sa vie, « à formes sévères. » On en parla longtemps, les dessins de la broderie furent copiés et Thérésia crut savourer pendant quelques jours un peu de cet encens enchanteur dont l'avait saturée le Directoire.

Elle fut également reçue à la cour de Naples par le frère même de ce Napoléon qui la rejetait si impitoyablement, par Joseph, alors roi des Deux-Siciles. L'interdit était-il donc levé? Hélas! elle devait cruellement déchanter, lorsque, de retour à Paris, elle vit se fermer devant elle ces salons du faubourg Saint-Germain où depuis si longtemps les Caraman et les Chimay avaient droit de cité. Malgré toute son assurance, la pauvre Thérésia resta accablée du coup. Ne valait-il pas mieux dans ce cas y mettre un peu d'humilité et renoncer momentanément à porter ce titre de princesse qui venait de lui échoir et dont elle était si heureuse? Son mari et elle consultèrent quelques amis fidèles à ce sujet. La plupart leur conseillèrent de rester M. et Mme de Caraman. L'un d'eux, cependant, leur dit avec un spirituel scepticisme: « Faites graver des cartes de visite au nom du prince et de la princesse de Chimay. Faites-les jeter aux portes des gens anciens et des gens nouveaux que vous voudrez recevoir chez vous. On en parlera pendant une semaine, et, le lundi suivant, vous serez prince et princesse de Chimay. » (1)

Il fallut pourtant attendre le début de la Restauration pour que Thérésia osât franchement ar-

(1) *Biographie Michaud, Supplément,* t. 61.

borer son titre. Jusque-là, elle s'était contentée de signer timidement ses lettres *Caraman-Chimay*. La métamorphose avait éte patiente et longue. Peu à peu, par ses prévenances, ses largesses, sa conduite de tous les jours habilement calculée, le ménage à l'index avait gagné du terrain. Sa grande fortune, l'éclat de ses réceptions vinrent à bout des dernières résistances. Les bals et les concerts de l'hôtel Barbançon qu'on n'appela bientôt plus que l'hôtel de Chimay revinrent à la mode. On y donnait la comédie; les chanteurs en vogue s'y faisaient entendre. On y jouait aussi beaucoup et la maîtresse de maison était toujours des premières à organiser une partie. Suivant la destinée de bon nombre de jolies femmes, la maturité, en lui enlevant de sa coquetterie, lui avait donné un goût effréné pour les cartes. Au jeu, elle n'était plus la même et on ne pouvait lui arracher une parole. Elle se laissait si facilement entraîner que, malgré les énormes ressources du ménage, son mari s'approchait d'elle fréquemment et lui glissait à l'oreille: « Plus petit jeu, ma chère. » Parfois même, quand l'enjeu était par trop gros, il en faisait tout simplement disparaître une partie dans sa poche. (1) Elle ne soufflait mot, docile, patiente, soumise à ce mari tout juste d'un an plus

(1) Boucher de Perthes. *Sous dix rois,* t. III, p. 168. Lettre à son père, datée du 24 avril 1815.

âgé qu'elle, qui lui avait refait une honorabilité, qui lui avait rendu son prestige, et qu'elle aimait.

Ah! ce n'était plus la dompteuse d'hommes qui avait fait marcher à son fouet Tallien, Barras, Ouvrard. Elle acceptait maintenant et observait d'une manière irréprochable la discipline bourgeoise du foyer. Elle ne rompait plus en visière aux préjugés ni même aux principes souvent étroits du milieu dans lequel elle avait pénétré à la façon d'une intruse. Ce n'était plus l'affranchie qui méprise l'opinion, l'impudique aux propos libres qui disait jadis à Pauline du Chambye : « Ce n'est pas quand une femme est vêtue qu'il lui importe d'être belle. « (1) Un jour, le prince, son mari, la trouve en train de peindre un portrait à la miniature. « Quel est ce portrait ? demande-t-il. — Celui de Talma. — Mais il est très inconvenant que vous fassiez ce portrait. — Puisque cela vous déplaît, dit-elle avec douceur, je ne l'achèverai pas. » (2) N'est-il pas piquant de voir s'incliner devant le préjugé contre les gens de théâtre celle qui a été si longtemps dans la vie comme sur une scène?

Pourtant, elle aurait encore assez de beauté pour assurer son pouvoir. Certes, on est loin en 1810

(1) *Mémoires d'une Inconnue*, p. 114.
(1) *Souvenirs de la baronne du Moutet*, p. 448.

de l'olympienne perfection qui était en 1797 la plus célèbre curiosité de Paris. L'ancienne reine des merveilleuses s'est épaissie. Son cou aux lignes idéales s'est empâté. L'embonpoint commence à alourdir sa taille. Mais elle a toujours ses yeux admirables, ses cheveux aux splendides ondes d'ébène, son sourire enchanteur découvrant des dents à l'émail éclatant. Un profil d'elle gravé, à cette époque, au physionotrace par Quenedey nous montre un visage encore pur sous la lourde masse de la chevelure ondulée et mêlée de perles. Ce visage dit la franchise, la douceur, la bienveillance: il attire invinciblement. Elle a conservé aussi son port majestueux, ses manières pleines de grâce et de dignité, son goût de la parure et la recherche raffinée de sa mise. Autour d'elle, tout continue à respirer la coquetterie et l'élégante richesse. Elle couche maintenant dans un alcove séparé de la chambre par des colonnes de bois de rose avec chapiteaux d'ivoire; le lit est entouré de draperies diaphanes que supportent des amours et des cygnes d'or. (1) Son salon aux meubles ornés de bronze doré est d'un luxe inouï. Elle s'y montre toujours maîtresse de maison parfaite et causeuse brillante. Son sujet favori, c'est la Révolution. Quand elle en parle, ses yeux brillent, tout son

(2) *Souvenirs de la baronne du Moutet*, p. 448.

visage s'anime. Mais elle a une façon à elle d'en parler. Maintenant qu'elle est princesse, il s'agit de faire rentrer certains épisodes dans l'ombre et de se faire pardonner le passé par d'autres qui sont tout à son avantage. D'où l'habitude d'amplifier sa carrière d'ange de salut et d'oublier un peu trop son rôle de déesse de la Liberté. Et puis, elle a toujours été romanesque et, malgré elle, elle brode. Elle se fait ainsi à elle-même une légende. Mais d'autres savent l'histoire et c'est un de ses chagrins qu'ils tiennent si fort à la rappeler.

« Elle aura beau se faire appeler princesse de *Chimère,* elle sera toujours dans l'histoire Mme Tallien. » De qui est ce mot facétieux? De Tallien lui-même redevenu un instant le gavroche de la rue de la Perle et à qui l'histoire a donné raison. Depuis 1808, l'ancien mari de Thérésia était en effet revenu à Paris. Son séjour en Espagne avait été encore plus lamentable que celui qu'il avait fait en Egypte. La maladie, la guerre, la ruine, tout l'avait accablé à la fois. La duchesse d'Abrantès qui le rencontra à Madrid, à la table de l'ambassadeur de France, le général Beurnonville, nous le montre comme « un grand homme à la figure hideuse et sinistre qui ne disait pas une parole. Il était brun, ajoute-t-elle, d'un aspect morose et atrabilaire, l'œil assez sombre dans son regard et donnant même d'abord l'idée qu'il était borgne. Mais on voyait bientôt qu'il avait ce qu'on appelle un *dragon* dans l'œil. Il était taciturne, parlait peu et, pour dire la vérité, on ne lui adressait pas beaucoup la parole... » (1) Cela n'est guère le portrait d'un homme heureux: il devint plus malheureux encore. Au cours de la terrible guerre d'Espagne, sa maison fut pillée, puis brûlée. Il y perdit plus de dix mille francs, se fit rapatrier, le désespoir au cœur, et vint traîner à Paris une vie de plus en plus misérable.

En 1816, on rencontrait parfois dans les environs du rond-point des Champs-Elysées un homme en vêtements râpés, cassé, infirme et qui, bien qu'il ne comptât guère plus de quarante-huit ans, avait déjà la mine et la tournure d'un vieillard. Appuyé sur une canne, il traînait péniblement ses jambes goutteuses; un de ses yeux était perdu; son visage était couvert de dartres. Cet homme, ce pauvre être déchu et navrant, c'était Tallien, l'ancien président de la Convention, l'homme de Thermidor. Il se rendait ainsi à la petite maison qu'il avait louée dans un jardin maraîcher de l'Allée des Veuves, à deux pas de cette Chaumière où il avait passé ses plus beaux jours. La Chaumière n'était plus, transformée en une guinguette, qui d'un vieil arbre survivant de l'ancien jardin avait

(1) Duchesse d'Abrantès, *Mémoires*, t. V, p. 285.

pris pour enseigne: *A l'Acacia.* Lassé au bout de quelques pas, Tallien s'arrêtait, il inspectait ce coin désert, jadis plein du bruit et du mouvement des équipages, puis il soupirait longuement... C'était le souvenir de la toujours aimée Thérésia qui l'avait ramené dans ce quartier silencieux hanté seulement par les rouliers et les blanchisseuses. Il y vivait seul avec sa vieille bonne, Rosalie Martineau, ne parlant à personne, n'ayant pour toute société que sa peine et les images du passé. Son intérieur était des plus modestes: un lit drapé de rideaux de taffetas jaune, une commode d'acajou, une table de trictrac, une table de bouillotte, une armoire-bibliothèque, deux pendules provenant d'installations plus confortables, c'était là tout le mobilier de sa chambre. (1)

Depuis qu'on lui avait supprimé son traitement d'ancien consul, il végétait misérablement à l'aide d'infimes sommes soutirées un peu partout et de petits services rendus à la police. Quand Louis XVIII avait été proclamé, sa situation s'était sensiblement améliorée. Le roi, se souvenant des trahisons de l'ancien membre des Cinq-Cents au profit de la cause des princes, lui avait octroyé une pension de six mille francs. Malheureuse-

(1) G. Lenotre. *Vieilles Maisons, vieux papiers, La Vieillesse de Tallien,* p. 239.

ment pour lui, vinrent les Cent-Jours et l'Acte additionnel. Tallien vota: *Oui*. On le dénonça pour ce vote, sous la deuxième Restauration et il ne put se faire rendre sa pension. C'est tout juste si Louis XVIII, se laissant toucher par une lettre où il lui faisait part de toutes ses misères physiques, l'excepta de la loi de proscription qui exilait les régicides. Dès lors, il avait poursuivi de ses plaintes et de ses appels déchirants le duc Decazes, ministre de la police générale. Il lui renouvelait dans des lettres incessantes le navrant tableau de son dénûment. Et tandis qu'il mourait ainsi de faim et de froid, la goutte et la pierre le clouaient sur son lit et une vision toujours aussi ravissante lui torturait le cœur, celle de Thérésia, que malgré les années et l'absence, il n'arrivait pas à oublier. Devant une si effroyable infortune, on ne peut s'empêcher de plaindre Tallien. On ne se souvient plus de l'infamie, des bassesses, des victimes innocentes dont il a chargé sa conscience et l'on pense que l'extrême malheur est une absolution.

Il lui fut donné une seule fois de revoir celle qui avait porté son nom avec tant d'éclat. C'était en avril 1815. Sa fille Thermidor, âgée de dix-neuf ans, allait épouser le comte de Narbonne-Pelet. Quel que fût le peu d'envie qu'on avait de le voir, il fallut bien qu'on le convoquât, mais une personnalité aussi gênante détermina de suite à un huis clos. La singulière chose que la présence de ce vaincu, de ce paria, de ce régicide au milieu de toute cette aristocratie de haute lignée qui ne pouvait sans horreur entendre prononcer son nom! Mme de Narbonne-Pelet qui était alliée à toute la fine fleur du faubourg Saint-Germain se sentait frissonner rien qu'à regarder cette figure ravagée et blême où l'œil mort faisait une effrayante tache bleuâtre. La jeune mariée elle-même était comme paralysée auprès de ce père à peu près inconnu d'elle et sur le compte duquel elle avait entendu raconter de si terribles choses. C'était pis que le parent pauvre, c'était le parent honni. Celle qui était certaiement le plus à l'aise de la noble assemblée, c'était Thérésia, et devant cette tranquillité, devant cette indifférence, le malheureux Tallien se sentait pénétré de douleur. Après la cérémonie, il arriva une singulière et bien piquante aventure. La princesse de Chimay qui rentrait en berline offrit à son ex-mari, comme la chose la plus naturelle du monde, de le reconduire chez lui, allée des Veuves. Les voilà tous deux côte à côte sur les coussins. Arrivée à l'hôtel de Chimay, la princesse qui ne tient pas à aller jusqu'aux Champs-Elysées fait arrêter sa voiture. Elle va descendre, quand la portière s'ouvre et le prince de Chimay, qui rentre au même moment, s'avance pour offrir la main à sa femme. Surprise imprévue, c'est celle de Tallien qu'il rencontre. La situation est délicate, mais il n'y a qu'à la subir. Pensant que le père veut accompagner sa fille jusqu'au bout, M. de Chimay l'engage à entrer. Tallien embarrassé accepte. On le mène à la salle à manger où une collation a été servie et voilà Théresia assise entre son mari d'hier et son mari d'aujourd'hui. Elle fait les honneurs de la table avec son aisance ordinaire, mais l'on juge d'ici que la collation manqua d'épanchement et d'entrain. (1)

Depuis ce jour l'ancien conventionnel essaya-t-il de revoir celle qu'il pleurait encore? Peut-être. Des habitants de Chimay ont raconté qu'ils avaient vu à plusieurs reprises errer autour des grilles du château, un homme d'une cinquantaine d'années, courbé, borgne, boîteux qui demandait avec beaucoup d'insistance aux domestiques de l'introduire auprès de la princesse. Mais il se heurtait à une consigne inflexible. On le voyait alors s'en aller, la tête basse, une expression désespérée tirant encore plus son mince visage, puis il revenait sur ses pas, recommençait à parlementer, semblait avoir une peine infinie à s'éloigner du portail par lequel on apercevait la blanche façade du château. (2) Cet entêté visiteur, c'était Tallien qui

(1) Boucher de Perthes, *Sous dix rois*, t. III, p. 167. Lettre datée du 24 avril 1815.

(2) M. G. Lenotre a recueilli un témoignage de ce genre de la bouche d'un vieillard qui avait fait danser Mme Tallien.

rentrait ensuite à Paris, plus déchiré, plus misérable que jamais. Sa détresse empirait chaque jour. Il avait dû vendre à un ancien assidu de la Chaumière, à Lacretelle, une collection de documents révolutionnaires à laquelle il tenait beaucoup. Souvent, sa bonne, Rosalie, lui disait: « Monsieur, nous n'avons plus d'argent pour le ménage. » Alors, il se levait péniblement, il atteignait deux ou trois des rares volumes demeurés encore sur les rayons de sa bibliothèque et il partait, d'un pas lourd et clopinant, les vendre à quelque bouquiniste des quais. Un jour qu'il était en marché avec l'un d'eux et qu'il insistait pour en obtenir un ou deux francs de plus, il fut remarqué par un passant d'aspect grave et de tenue sévèrement correcte qui s'arrêta devant lui, le chapeau soulevé. C'était le baron Pasquier, ministre des Affaires Etrangères.

— Monsieur Tallien ! dit-il.

— Je ne me cache pas, répondit l'ancien président de la Convention.

Il y eut un silence gêné pendant lequel l'Excellence jeta un coup d'œil aux livres que Tallien voulait vendre:

— Mais, s'écria-t-il, c'est la collection de l'*Ami des Citoyens,* votre journal d'après Thermidor. Moi qui la cherche depuis si longtemps!

— C'est une bonne fortune pour moi que de

pouvoir vous en offrir le dernier exemplaire, répondit courtoisement Tallien.

Le ministre prit les volumes, songea un instant à payer, ne l'osa pas et se contenta de dire en partant:

— Monsieur, j'aurai l'honneur d'aller vous remercier chez vous.

Le soir, au cercle du roi, il raconta la curieuse et navrante histoire. Louis XVIII l'écouta et, sans doute, d'étranges réflexions passèrent dans sa tête blanche de philosophe sceptique. Quelle revanche contre cet homme qui avait envoyé son frère à l'échafaud.

— Pasquier, dit-il, vous prierez M .Tallien d'accepter cent louis sur ma cassette. (1)

Ceci se passait en 1820. Le 16 novembre de la même année, Tallien mourait à six heures du matin, sans autre assistance que celle de sa vieille servante. C'est à peine si les journaux annoncèrent sa mort en quelques lignes vagues. Personne n'assista à ses obsèques qui eurent lieu à Saint-Pierre-de-Chaillot. Douze jours après, sa fille Mme de Narbonne-Pelet se présenta à la petite maison de l'allée des Veuves pour recueillir, comme seule ayant droit, le lit, la commode, les deux

(1) G. Lenotre, *Vieilles maisons, vieux papiers*. La Vieillesse de Tallien, p. 241.

pendules, les quelques reliques du passé enfouies au fond des tiroirs. Devenue ardemment légitimiste, elle ne portait plus ce nom de Thermidor qui lui avait été donné dans un élan d'enthousiasme ; elle se faisait appeler maintenant Joséphine, sans doute en souvenir de sa marraine, l'impératrice. Tallien s'en allait sans une larme, renié jusque dans la mort par sa femme et sa fille, les seuls êtres qu'il eut aimés sur terre.

Pendant ce temps, celle qui avait été la belle Thérésia vivait bourgeoisement en mère de famille. Sa fécondité ne s'était pas tarie et elle avait donné quatre enfants au prince de Chimay, ce qui, pour elle, en faisait onze. Les filles continuèrent sur les fonds baptismaux la série déjà longue des Thérésia. (1) Mais la mondaine n'était pas morte, elle ne pouvait mourir dans la princesse et, bien loin de se consacrer exclusivement à son mari et aux héritiers de son nom, elle attirait autour d'elle les femmes belles et aimables, les causeurs brillants, les poètes et les artistes. Au château de Chimay où elle passait plusieurs mois

(1) L'une devint la marquise de Hallay et ressemblait étonnamment à sa mère. L'autre fut cette romanesque comtesse de Mercy-Argenteau, qui joua un rôle dans la société du second empire, fut, après la guerre, des soirées de Wilhemshoë pour disposer Bismarck en faveur de la France et finit écuyère dans un cirque, le visage caché par un masque de velours.

par an, elle s'était fait une véritable cour où la musique et les musiciens tenaient la première place. Elle avait conservé le goût des arts et, entre tous ceux qu'elle avait effleurés jadis, elle avait donné la préférence au chant et aux instruments. Auber et Chérubini furent fréquemment ses hôtes à Chimay. Le premier n'était pas insensible aux restes de cette beauté et de ce charme qui avaient fait autrefois tant de ravages. Il dira plus tard en parlant de la princesse: « Quand elle entrait dans un salon, elle faisait le jour et la nuit: le jour pour elle, la nuit pour les autres. » Plus âgé, Chérubini se plaisait à herboriser dans les bois d'alentour, à se composer un herbier, à dessiner des plantes. Il ne négligeait pas la composition pour ça et on le voyait griffonner des notes avec une facilité prodigieuse au milieu des occupations de la journée. Il lui arriva, une fois, d'écrire la partition entière d'une messe à trois voix, tout en faisant une poule au billard, nullement gêné par le bruit des billes et de la conversation, déposant tranquillement sa plume, lorsqu'on l'appelait pour jouer à son tour. Le peintre Isabey, le poète Lemercier, les violonistes Rode et Baillot, la célèbre Malibran séjournèrent aussi au château. On y donna des concerts, des opéras, des comédies. Le ton était affable et cordial, mais plein de distinction et de mesure. Où étaient le sans-façon débraillé et les folles inconvenances de la Chaumière!

Dans cette aimable atmosphère mondaine, le prince de Chimay poursuivait le cours de ses entreprises philanthropiques. Les questions d'éducation le préoccupaient tout particulièrement. Il finit par fonder dans son château de Menars, près de Blois, un prytanée conçu d'après la plus pure doctrine de Rousseau. Des enfants de classes très différentes, fils de riches et d'ouvriers y recevaient côte à côte l'enseignement intellectuel et l'enseignement manuel. C'était, expliquait le prince, pour apprendre aux jeunes gens de la noblesse et de la bourgeoisie à estimer les hommes à leur juste valeur, quelle que fut leur condition sociale. Au cours d'un de ses séjours à Ménars, Thérésia se mit en tête de s'occuper du prytanée. N'avait-elle pas lu jadis un discours sur l'éducation? Mais sa cervelle incorrigiblement légère s'en tint au chapitre des distractions et des fêtes. Elle fut toute heureuse de faire renaître parmi les élèves les jeux de salon et les plaisirs de sa jeunesse. Il y eut au château des bals d'enfants où l'on vit reparaître les costumes du Directoire. Les élèves revêtirent même un soir l'uniforme sombre de Bonaparte à ses débuts et les détails de cet uniforme avaient été étudiés avec autant de soin que le programme des études. (1) On voit que l'ancienne expulsée des Tuileries n'avait pas gardé rancune à son persécuteur. De la rancune, elle n'en avait pour personne. Son âme restait aussi généreuse, aussi compatissante, aussi ouverte au prochain. Elle ne pouvait entendre parler d'un malheureux sans vouloir le secourir. Elle eût donné tout ce qu'elle possédait si, bien que très bon, son mari n'y eût veillé. Elle imaginait sans cesse des loteries, des quêtes, des souscriptions et nul n'arrivait à se soustraire à ses sollicitations. Elle était irrésistible quand elle priait. (2)

Et pourtant, bien de l'amertume eût pu s'amasser dans ce cœur. Thérésia, dans la seconde partie de sa vie, rencontra de nombreux déboires. Sa vanité déjà si éprouvée souffrit de plus d'une mortification. Ce fut d'abord la question de son mariage religieux. Il lui semblait d'autant plus indispensable vis-à-vis du milieu nouveau où elle vivait que la Restauration avait remis le ton à la pratique rigoureuse des règles de l'Eglise. Elle s'adressa à la cour de Rome. Il lui fut répondu qu'on ne pouvait bénir son union sans l'acte de décès de M. de Fontenay. Le mariage avec Tallien ayant

(1) Maurice Wolff. « Le Prytanée de Ménars, » article paru dans la *Revue Bleue.*

(2) Boucher de Perthes. *Sous dix rois,* Lettre datée du 24 avril 1815.

été purement civil il n'existait pas aux yeux de l'Eglise. Mais le malheur, c'était que M. de Fontenay s'obstinait à rester parmi les vivants. Enfin, il parut prendre son ex-femme en pitié et il la tira d'embarras en trépassant fort à propos à la fin de 1815. L'union religieuse fut enfin célébrée. C'était un pas de fait, mais la princesse gardait au cœur un autre dépit douloureux. C'était la ferme résolution qu'avaient prise les sœurs de son mari de ne pas la recevoir. Une seule faisait exception, la jolie Mme de la Fare. Aussi, de quelles avances chaleureuses, de quelles effusions, de quelles protestations de tendresse Thérésia l'entourait! « Venez, venez très souvent, lui disait-elle en l'embrassant, je ne suis pas française, je suis espagnole, je suis sincère, je ne fais pas de compliments. » (1) Ces visites étaient une consolation à ses deux gros crève-cœur: pas plus que Napoléon, Louis XVIII ne l'avait admise aux Tuileries et le roi des Pays-Bas, Guillaume Ier, ce roi qui avait attendu jusqu'en 1824 pour accorder à son mari l'investiture réguliere du duché de Chimay, ce roi impitoyablement rigoriste lui fermait pour toujours l'accès de sa cour. Pauvre femme si rebutée, si torturée dans son amour-propre et dans son désir de paraître! Ne pouvait-on avoir

(1) *Souvenirs de la baronne du Moutet,* p. 447.

un peu plus de charité pour celle qui avait su en faire preuve à des heures où cela aurait pu lui coûter la vie?

Ah! son passé, son passé romanesque, invraisemblable et merveilleux, tout le monde lui en jetait les égarements à la tête. Une célébrité de mauvais aloi s'était attachée à ses belles épaules et la brûlait comme une tunique de Nessus. Personne n'ignorait son histoire. Un jour, elle avait commis l'imprudence de se rendre à l'exposition du Louvre, ayant à l'un de ses bras Antoine de Fontenay, fils de son premier mariage et à l'autre Thermidor Tallien qui donnait la main au petit de Caraman. Cela faisait des enfants de ses trois maris. On avait chuchoté, on avait ri sur son passage. Et c'était toujours ainsi. Dans son inconscience naturelle, elle ne demandait qu'à oublier les singulières étapes de son existence, qu'à vivre tranquillement l'heure présente. Mais l'opinion s'attachait à ses pas, fouillait avec une curiosité insolente les jours et les nuits de cette prodigieuse carrière de femme et s'obstinait à évoquer devant elle le fantôme de son passé.

« Quel roman que ma vie! écrivait-elle. Je n'y crois plus. Il y a des jours où je me figure que je regarde jouer une comédie, comme le soir où j'ai vu sur un théâtre du boulevard annoncer M.

de Robespierre chez la citoyenne Tallien. » (1) Et elle se demandait si elle n'était pas le jouet d'un rêve, lorsqu'en se promenant solitaire sous les vieux chênes de son parc de Chimay, elle regardait se dérouler devant elle le drame. la comédie, la féerie merveilleuse et changeante qu'avait été son existence. Elle revoyait alors, en un effrayant pêle-mêle, ce Bordeaux de 93 où elle passait triomphante, en chlamyde et en bonnet phrygien, le fort du Hâ, la Petite Force et, svelte et noire sur le fond rouge, la guillotine. Puis c'étaient les délirantes soirées du Directoire, le Petit-Luxembourg, la Chaumière, les fêtes de Gros-Bois et du Raincy... Que d'audaces! Que de coquetteries! Que d'amours! Alors, une angoisse terrible la prenait. Rien de tout cela n'était oublié, on allait l'écrire, le publier! Déjà, un certain M. de la Touche l'avait mise dans un roman *Fragoletta* et il l'y présentait telle qu'elle-même s'offrait jadis si facilement aux yeux, nue, les bras ouverts, le baiser aux lèvres. Elle frémit et tremble, quand on la menace d'une apparition des mémoires de sa vie. Non, non, c'est faux, elle n'en a pas écrit, elle n'en écrira jamais. Ce passé lui pèse trop. Quand elle en parle, c'est pour trouver des excuses à ses fautes, pour estomper d'ombre vertueuse les traits trop crus et pour faire revivre ces heu-

(1) Lettre au chevalier de Pougens, datée de Bruxelles 17 juin 1826.

res de courageux dévouement qui resteront jusqu'au bout son honneur et sa fierté.

Comme tout cela est loin! Plus rien n'en reste, pas même sa beauté, cette beauté admirable et illustre qu'elle ne peut se consoler d'avoir perdue. Car tandis qu'une de ses rivales, Mme Récamier, garde jusqu'en ses derniers jours des traits parfaitement purs, elle assiste, elle, à la ruine de ses charmes. Elle est devenue épaisse, couperosée, méconnaissable. Mais elle a su à temps renoncer aux hommages et elle se console en étant pieuse. Sa vie est toute unie, toute simple. Seule, l'obsession du passé la trouble et l'illumine tout à la fois. A la veille de mourir, elle dit encore à son fils, le docteur Edouard Cabarrus: « Quelle vie que la mienne! N'est-ce pas que c'est un rêve? » Une maladie de foie l'a terrassée, elle qui a joui, toute sa vie, d'une si merveilleuse santé. Elle y succomba le 15 janvier 1835.

Telle fut la vie de cette femme qui porta si haut le divin prestige de la Beauté et qui en incarne si profondément le charme et la puissance. Par une destinée singulière, elle symbolise à merveille l'histoire de la Société française pendant vingt ans. On l'a vue marquise au crépuscule de l'ancien régime; déesse de la Liberté sous la Terreur; Notre-Dame de Bon-Secours, au temps de Thermidor; reine de la chair et du plaisir sous le

Directoire; prêtresse du Veau d'or lorsqu'il devient seul roi. Puis, quand la vieille aristocratie a repris son ancienne place, elle est venue finir doucement sa vie dans ses rangs. Sa bonté de cœur, l'aide vaillante qu'elle a apportée aux malheureux et aux victimes lui feront pardonner son incurable immoralité, les légèretés de son inconduite et les inspirations de sa vanité. Sur l'horizon noir de son temps, elle brille comme l'étoile de l'amour et de la jeunesse. Sa coquetterie savante, son élégance raffinée, son baiser délicieux ont jeté un parfum de grâce sur le charnier de 93 et la mascarade de 97. Elle a été le sourire de la Révolution.

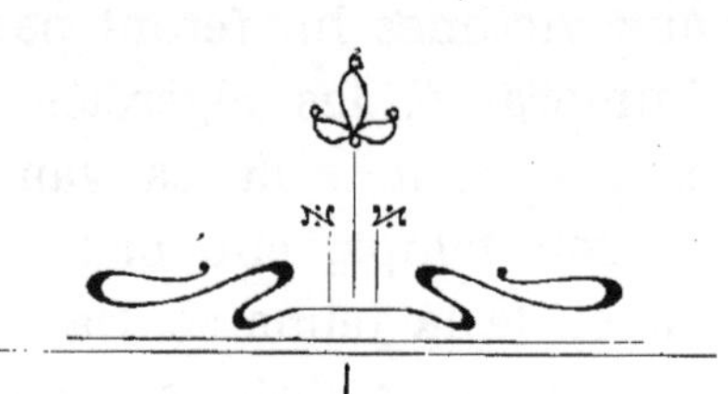

Imprimerie de L'Édition

4, Rue de Furstenberg, 4.

Paris

www.ingramcontent.com/pod-product-compliance
Ingram Content Group UK Ltd.
Pitfield, Milton Keynes, MK11 3LW, UK
UKHW022010170726
13837UKWH00001B/93

9 782329 318677